Chungliang Al Huang / Jerry Lynch

Mentoring - Das Tao vom Lehren und Lernen

Deutsch von Tatjana Kruse
Mit einem Vorwort von Franz Theo Gottwald

Chungliang Al Huang / Jerry Lynch

Mentoring
Das Tao vom Lehren und Lernen

ARISTON

Die amerikanische Originalausgabe erschien unter dem Titel »Mentoring.
The Tao of Giving and Receiving Wisdom« im Verlag HarperSanFrancisco.

Copyright © 1995 by Chungliang Al Huang und Jerry Lynch
Für die deutsche Ausgabe
Copyright © 1999 by Ariston Verlag, Kreuzlingen
Alle Rechte vorbehalten

Umschlaggestaltung: Manu Böhler, Überlingen
Innentypographisches Konzept: Iris Farnschläder, Kassel
Satz: SatzTeam Berger, Ellenberg
Druck: Wiener Verlag, Himberg bei Wien

ISBN 3-7205-2065-X

Die Deutsche Bibliothek – CIP-Einheitsaufnahme

Huang, Al Chung-liang:
Mentoring: das Tao vom Lehren und Lernen / Chungliang Al Huang ;
Jerry Lynch. Aus dem Amerikan. von Tatjana Kruse. Mit einem Vorwort
von Franz Theo Gottwald. – Kreuzlingen ; München : Ariston-Verl., 1999
Einheitssacht.: The Tao of giving und receiving wisdom<dt.>
ISBN 3-7205-2065-X

Inhalt

Vorwort Mentoring im Geist des Tao 7

Tao Fa Mentoring am Weg des Wassers 11

Jing Hwa Die Goldene Blume des Tao-Mentoring 17

    Wu Ming Die Aufhebung der Dualität 18

    Tui Shou Der Tanz der Stoßenden Hände 20

    Wu Ji Der Leere Raum der Weisheit 22

    Gu Shen Der Geist des Tales 23

    Wu Dao Die Tanzenden Wu-Ji-Mentoren 26

    Wu Wei Die Bewegung des Tao-Mentoring 31

    Hao Jan Zi Ch'i Der sich Ausdehnende Geist 33

    Dao Ying Die Ideale Mentoring-Beziehung 36

Wang Tao Die Tugenden des Tao-Mentoring kultivieren 41

Die Tugenden des Herzens 46

Leere · Bescheidenheit · Selbstannahme · Integrität · Freundlichkeit · Urteilslosigkeit · Vertrauen · Innere Stille · Achtsamkeit · Aufmerksamkeit · Entschlossenheit · Beharrlichkeit · Geduld · Losgelöstheit · Instinkt · Einfachheit

Die Tugenden der Seele 113

Dienst · Vorbildlichkeit · Führung · Einfühlungsvermögen · Erziehung · Harmonie · Kooperation · Gegenseitige Abhängigkeit · Nachgiebigkeit · Begeisterung für Veränderung · Fröhliches Lachen · Spontaneität · Wachsamkeit · Das zentrierte Herz · Konsequenz · Mäßigkeit

Tashun Demütige Visionen von einer harmonischen Welt 179

Die Autoren **185**

Anmerkung der Autoren: Bei unseren Interpretationen der chinesischen Symbole und Aphorismen haben wir unser Bestes versucht, um die diversen antiken Quellen kreativ wiederzugeben. Wir haben uns die Freiheit genommen, die Weisheit jener Tage so zu interpretieren, daß sie unseren verschiedenen Anliegen gerecht wird.

Vorwort

Mentoring im Geist des Tao

Mentoring, also die Führung, Unterstützung und praktische Hilfe in Krisen oder beim Übergang in neue berufliche Entwicklungsstadien, wird auch in deutschen Firmen immer populärer. Zum einen, da sich die Geschwindigkeit des Wandels durch technische und organisatorische Innovationen ständig erhöht und Führungskräfte wie Mitarbeiter gleichsam Dauerkrisen unterworfen sind. Zum anderen, weil immer mehr Firmen »Entwicklungsbegleiter« in den eigenen Reihen suchen und qualifizieren, die Jüngere, Neue oder Unerfahrenere befähigen sollen, in der Krise die Entwicklungschance zu nützen. Diese kann durch Mentoring im zeitnahen Kontext und gemäß der herrschenden firmeninternen Unternehmenskultur paßgerecht, situationsgerecht und mit größtem Nutzen für den einzelnen und sein Unternehmensumfeld ergriffen werden. Ein Mentor ist ein lebendiges Navigationssystem, das den Mentee auf Entwicklungs- und Erfolgskurs hält.

Al Huang ist für mich einer der genialsten Vertreter dieses Ansatzes. Als ich ihn 1988 in der Schweisfurth-Stiftung in München kennenlernte, war er als Mentor für eine Gruppe von Unternehmern, Politikern, Ärzten und Lehrern tätig, die in ihren Aufgabenfeldern östliche Weisheit mit westlichem Wissen zusammenbringen wollten. Er begleitete diese Gruppe durch die rauhen Gewässer beider Kulturen – seiner östlichen und unserer westlichen – und half uns, die chinesische Weisheit des Tao mit unserem westlichen Führungs- und Kommunikationsstil zu verbinden. Der Meister des Tai Ji, des lebenden Tao, führte jeden von uns in ein inneres Verstehen der Leere, des Nichts, um gemäß der Einsicht Lao Tzus zu einem Gefäß zu werden, das gerade durch seine Leere zu einem brauchbaren Gegenstand wird.

Mit seiner Art, zu sprechen und sich zu bewegen, bewegte er uns, zu neuen Formen und Inhalten unseres Denkens und Verhaltens aufzubrechen. Und er arbeitete Stille als die wahre Offenbarung heraus: »Achtet auf die Stille! Was geschieht, wenn sich in einer Gruppe nichts ereignet? Das ist die Wirklichkeit der Gruppe!«

Äußerst dynamisch, überaus anpassungsfähig, mit einnehmender Verbindlichkeit und großer Fürsorge nahm er sich jedes Einzelnen an. So verkörperte Al Huang für uns das Ideal des Mentors, dem wir alle nachstrebten.

Durch die Begegnung mit Jerry Lynch hat Al Huang sein Engagement auf Wirtschaft und Management ausgerichtet. Im vorliegenden Buch hat sich diese brillante Synthese von zwei kongenialen Meistern ihres Fachs niedergeschlagen. Es eröffnet Perspektiven für das Mentoring, die nicht nur für Trainer aus Industrie und Handel interessant sind, sondern für jeden, der einen Menschen durch eine Phase des Umbruchs begleitet. Beide Autoren verhelfen durch ihre Texte zu einer Wahrnehmungsgenauigkeit und erweitern das Auffassungsvermögen in einem Maße, das selbst erfahrene Mentoren noch inspiriert und ermuntert. Leserinnen und Leser werden angeregt, in der Entdeckung des vergnüglichen, frischen Vor-Bilds, das die Autoren sind, zu ihrem Selbst-Bild als Mentor zu finden und sich einzuschwingen in das »Tao des Mentoring«. Dabei geben die beiden erfahrenen Menschenführer keinen Lehrplan vor, sondern regen an, den Verstand von Überhäufungen zu befreien. Sie fordern heraus, die Arbeit für andere und mit ihnen zu vereinfachen. Sie helfen dem Leser, ein Geheimnis zu entdecken: Die

Qualität des Bewußtseins umfaßt mehr Potential als jede Technik, Theorie oder Interpretation erfassen kann.

Al Huang erweist sich zusammen mit seinem Co-Autor einmal mehr als Lebens-Meister, der den schöpferischen Prozeß des Mentoring vormacht. Eine Einladung zur ganzheitlich-menschlichen Fortbildung, die auf jeder Seite neu und erfrischend ausgesprochen wird und so die Lese-Meister im kalten Wasser der Erfahrung nicht alleine läßt.

Dr. Franz Theo Gottwald
Vorstand der Schweisfurth-Stiftung,
Unternehmensberater

München, im November 1998

Tao Fa

Mentoring am Weg des Wassers

Wer sich einen weisen Ratgeber sucht, wird über die große Weite
unter dem Himmel herrschen.

Wer sich rühmt, größer zu sein als andere, wird geringer.

Wer bereit ist, von anderen zu lernen, wird größer.

Wer sich nur um sich selbst dreht, wird gedemütigt und klein werden.

Shu Ching

Obwohl diese aufschlußreichen und prophetischen Worte vor über 25 Jahrhunderten gesprochen wurden, sind die chinesischen Weisheitsgedanken aus dem *Buch der Geschichte*, dem *Shu Ching*, in unserer modernen Welt mit ihrer tiefen und begeisterten Sehnsucht nach Selbstbestimmung und persönlichem Wachstum möglicherweise noch wichtiger.

Heutzutage gibt es zahlreiche Produkte und Dienstleistungen, die unsere Selbstverwirklichung, unser Wissen und unser persönliches Wachstum verstärken sollen – für gewöhnlich in Form von Selbsthilferatgebern, Zeitschriften, Computerprogrammen und anderen audiovisuellen Techniken, Seminaren, Klausuren und vielem mehr. All diesen Methoden der persönlichen Weiterentwicklung fehlt jedoch eine wichtige Komponente: die des individualisierten, maßgeschneiderten, persönlichen Umfelds, in dem das Geschenk der Weisheit gegeben und empfangen werden kann – der seit alters her bekannte Prozeß des Mentoring.

Der Begriff *Mentor* stammt aus der klassischen griechischen Mythologie. Vor einer langen Reise bat Odysseus seinen Freund Mentor, einen weisen Lehrer, sich seines über alles geliebten Sohnes Telemachos anzunehmen. Als Ersatzvater ließ Mentor dem kleinen Jungen bis zur Rückkehr seines Vaters Unterstützung, Liebe, Führung, Schutz und andere Wohltaten angedeihen. Daher verstehen wir heute unter einem Mentor einen Menschen, der das Wachstum anderer in den verschiedenen Phasen ihrer Entwicklung einfühlsam anleitet und fördert. Das früheste Beispiel für Mentoring findet sich in der Art und Weise, wie drei weise Könige aus China – Yao, Shun und Yu – zwischen den Jahren 2333 und 2177 vor Christi Geburt ihre Nachfolge organisierten. In der frühen demokratischen Geschichte Chinas nannte man die Übergabe des Thrones vom Herrscher an einen tugendhaften und kompetenten Nachfolger *Shan Jang*. Wörtlich bedeutete das »das erleuchtete Beiseitetreten, um Raum zu schaffen in der Mitte, auf daß der nächste verdienstvolle Mensch an diese Stelle treten und die Führung übernehmen kann«. Yao machte den Weg frei für Shun, der die Mitte wiederum für Yu freigab.

Im Laufe der Jahre ging anscheinend die Bedeutung des Mentoring als eine Methode, Weisheit und Gelehrsamkeit zu teilen, verloren. Möglicherweise fürchten wir uns davor, in den Augen der anderen ungelehrt und dumm zu erscheinen; es ist uns zu unangenehm oder gar zu demütigend. Wenn Ihr Chef Sie beispielsweise fragt, ob Sie ein bestimmtes Buch gelesen haben, das Menschen mit Ihrem Beruf im allgemeinen und aufstrebenden Angestellten im besonderen eigentlich vertraut sein sollte, dann antworten Sie sofort »natürlich«, um nicht als Dummkopf oder Ignorant dazustehen. Dadurch versagen Sie sich die Möglichkeit, etwas zu lernen. Durch das *Tao-Mentoring* werden Ihnen Situationen wie diese angenehm, und Sie sind sicher genug, um offen zu sein und »nicht zu wissen«. Im Unternehmensumfeld verhält sich ein Manager, der das Tao-Mentoring praktiziert, nicht kritisch oder abschätzig, sondern vielmehr respektvoll. Er akzeptiert Ihre Ehrlichkeit und sieht darin die perfekte Gelegenheit, daß Sie etwas Neues lernen und Ihre Fähigkeiten sowie Ihre Position in der Firma verbessern.

Das Tao-Mentoring ist ein Reigen in zwei Richtungen, der uns die Gelegenheit bietet, ohne Einschränkungen und ohne Angst sowohl zu geben als auch zu nehmen. Wenn Einschränkungen und Ängste beim Weiterreichen dieses Geschenkes eine Rolle spielen, kann der Prozeß so zum Stillstand kommen.

Ist die Fähigkeit, Weisheit zu geben, verkümmert,
verkümmert auch das Glück des Empfangens.

Dieser Reigen des Mentoring führt verwandte Seelen in inniger Gemeinschaft zusammen – eine außergewöhnlich befriedigende Erfahrung. Das Tao-Mentoring ist einer jener Scheidewege im Leben, an dem das, was Sie zu bieten haben, auf die unmittelbaren und die künftigen Bedürfnisse eines anderen treffen. Darin liegt für Sie eine große Freude: die Freude, Ihr Geschenk der Weisheit an einen anderen Menschen weiterzugeben und es von ihm dankbar angenommen zu wissen; er wiederum gibt dieses Geschenk dann an all jene weiter, die sich in seinem Einflußbereich befinden.

Das Tao-Mentoring bietet ein neues Modell des Gebens und Empfangens, in dem sowohl die taoistische Weisheit der chinesischen Klassiker als auch neue Einsichten enthalten sind, die wir aus unseren Erfahrungen als Lehrerinnen und Lehrer, Mentorinnen und Mentoren sowie Schülerinnen und Schüler gewonnen haben.[*] Sie stehen jedem offen, der gesunde, harmonische, offenherzige Beziehungen kultivieren möchte. Kaiser Yao macht im *Shu Ching* folgende weise Bemerkung:

Der Herzverstand des Menschen ist riskant,
der Herzverstand des Tao ist subtil,
man sollte ein Herz und einen Verstand haben
und sich an der goldenen Mitte festklammern.

---

[*] Die Autoren verwenden im Zuge der *political correctness* die weibliche und männliche Form für »Mentor« parallel, um geschlechtliche Unabhängigkeit zu signalisieren; diese Ausdrucksweise ist für die deutsche Übersetzung übernommen worden.

Dieses Lehrwort fordert uns auf, die eigene Kultivierung mit Ausgeglichenheit und Harmonie in der Hoffnung auf dynamische und gegenseitig befriedigende Beziehungen zu verfolgen.

Entsprechend der großen spirituellen Tradition des Taoismus findet sich im Tao-Mentoring das Geheimnis der legendären Krieger, Könige, Herrscher und anderer Führungspersönlichkeiten – uralte Prinzipien der Kunstfertigkeit, Sachkenntnis und des unbeugsamen Willens. Diese tiefen Einsichten in die menschliche Natur und in persönliche Verhaltensweisen erleichtern den Prozeß des Lehrens und des Lernens, des Gebens und Empfangens von Weisheit in allen Beziehungen.

Jede Beziehung wird dazu eingeladen, diese aufregende Reise zum Mentoring mit dem Tao am Weg des Wassers (*Tao Fa* auf chinesisch) anzutreten. Wasser ist das stets gegenwärtige chinesische Bild fließender Verwandlung. Laut dem Tao sind die besten Beziehungen wie das Wasser; sie ziehen Nutzen aus allen Dingen und konkurrieren nicht mit ihnen. Wasser ist ein natürliches Element, das letzten Endes die Form all dessen verändert, was es berührt. Das Tao-Mentoring verändert das Leben der Menschen, die es berührt, auf eine befriedigende, positive Weise.

Alle Beziehungen können durch Tao-Mentoring bereichert werden: die Beziehung zwischen Lehrer und Schüler, Trainer und Sportler, Manager und Angestelltem, Therapeut und Klient, Ehemann und Ehefrau, Eltern und Kinder, Lektor und Autor, Geistlichem und Gemeindemitglied und so weiter. Das Tao-Mentoring ist gleichermaßen wichtig für die Beziehungen zwischen Nationen, die versuchen, eine Partnerschaft aufzubauen. Wir haben diese uralte Kunst vergessen, aber wenn wir sie jetzt wieder in unsere Beziehungen einfließen lassen, kann viel Gutes für uns selbst und für die Welt daraus entstehen.

Der Prozeß des Tao-Mentoring hat sowohl auf persönlicher als auch auf globaler Ebene unzählige Vorzüge. Es folgt eine – noch zurückhaltend formulierte – Liste der zu erwartenden Vorteile, wenn man in diesen Prozeß eintritt und ihm folgt:

– die Entdeckung eines gemeinsamen Nenners zwischen Gegnern und somit die Möglichkeit gewaltfreier Lösungen, bei denen beide Seiten gewinnen;
– Unterstützung für Ihre eigene Reise;
– die Fähigkeit, aus Fehlschlägen und Rückschlägen – den beiden wunderbaren Lehrmeistern der Natur – zu lernen;
– ein Gefühl der Loyalität und der Wertschätzung für die Reise anderer Menschen;
– die Fähigkeit, ein sicheres, urteilsfreies Lernumfeld zu schaffen, in der alle Standpunkte wahrhaft Gehör finden;
– die Fähigkeit, anderen dabei zu helfen, ihr ganzes Potential zu erkennen und zu fördern, indem sie sich ihren Selbstzweifeln und ihrer Furcht stellen und sie überwinden;
– die Fähigkeit, Harmonie, Zusammenarbeit und gemeinsame Ziele unter uns und weltweit zu fördern;
– die Möglichkeit, die Flamme der Begeisterung und der leidenschaftlichen Lust am Leben zu entfachen, die in allen von uns flackert;
– ein Gefühl der Lebensbejahung, der Flexibilität und der Ausgeglichenheit in Ihrem eigenen Leben;
– eine spirituelle statt einer mechanistischen Sicht auf alle Beziehungen des Lebens;
– das unerschütterliche Wissen um gesteigertes Selbstwertgefühl, Zuversicht, Zielgerichtetheit, Disziplin, Verantwortung und Motivation auf dem Weg, den Sie für sich gewählt haben;
– ein humanistischer Führungs- und Lehrstil, der allen Menschen in Ihrem Einflußbereich zugute kommt;
– die klare, intensive Einsicht, daß all Ihre Beziehungen miteinander zusammenhängen, ebenso wie alles Leben miteinander verwoben ist.

Wir wollen Sie nun in die *Jing Hwa* einführen: in die Goldene Blume des Tao-Mentoring.

Jing Hwa

Die Goldene Blume des
Tao-Mentoring

Jing Hwa – die Goldene Blume – symbolisiert die Quintessenz des Tao. *Jing* (Gold) ist die kristalline Essenz der taoistischen Alchemie in der höchsten Transformation und Transzendenz des Individuums. Die elementaren acht Blütenblätter der *Hwa* (Blume) verkörpern das Erblühen des ultimativen »tausendblättrigen Lotus« – das Erwachen des wahren Selbst und die Erkenntnis der Ganzheit des menschlichen Potentials. Es folgen nun die acht Bauteile beziehungsweise Ecksteine der Philosophie des Tao-Mentoring, die den elementaren acht Blütenblättern der *Jing Hwa* entsprechen. Sie werden Ihnen helfen, Ihren Geist von der Art und Weise zu leeren, wie Sie Ihre Beziehungen bislang geführt haben, und Sie für neue, erfrischende Einstellungen und alternative, gesunde Verhaltensmuster des Gebens und Empfangens von Weisheit aufgeschlossen machen. Öffnen Sie sich diesen acht philosophischen Blütenblättern des Tao und auch Ihren eigenen unbegrenzten Möglichkeiten, während Sie in den anmutigen Tanz des Tao-Mentors eingeführt werden.

Wu Ming Die Aufhebung der Dualität

An dieser Stelle fragen Sie sich höchstwahrscheinlich: »Was bin ich? Bin ich ein Mentor oder brauche ich einen Mentor?« Wenn Sie die freie Wahl haben, wird es Sie möglicherweise stark in die eine oder andere Richtung ziehen. Die Menschen im Westen sind darauf trainiert, dualistisch zu denken; inmitten von Gegensätzen und Unterschieden fühlen wir uns oft am wohlsten. Wir sind *entweder* schön *oder* häßlich, einfach *oder* schwierig, intelligent *oder* dumm, liberal *oder* konservativ. Im Tao gibt es dagegen keine Unterscheidungen. Gemäß dem Tao unterliegt jede Existenz einem Kreislauf, einem Yin-Yang-Prozeß, bei dem aus Schwarz und Weiß ein reiches Grau wird: Der Tao-Mentor ist in Wirklichkeit ein exzellenter Ratsuchender; der exzellente Ratsuchende ist ein sehr guter Mentor. Beide ähneln dem idealen taoistischen Weisen, einer sich ständig weiterentwickelnden, glücklichen Yin-Yang-Person.

Das chinesische Symbol für Bambus ist eine perfekte Metapher für die Tao-Mentorin, denn es enthält die Eigenschaften von Flexibilität und Stärke, ist stark und zart, gelehrt und doch bescheiden; Herz und Verstand befinden sich in völligem Gleichgewicht. *Herzverstand* ist ein zusammengesetzter Begriff, der für das chinesische *Hsing* steht und Herz, Verstand, Bewußtsein und das Lebenszentrum umfaßt. Der Herzverstand des Bambus ist die hohle Leere, die Herzverstand-Essenz des philosophischen Denkens in China. Im Yin-Yang gibt es keine eindeutige Trennlinie; weder Mentor noch Schützling können ohne den anderen existieren. Sie definieren einander. Darum ist jede Dualität im Rahmen des Tao-Mentoring wahrhaft aufgehoben: Der Mentor und sein Schützling sind viel mehr als die Summe ihrer jeweiligen Rolle. Dieses schwer faßbare Konzept, dieses paradoxe Geheimnis, in dem die Dualität aufgehoben wird und in den zutiefst mythischen Bereich der völligen Unterscheidungslosigkeit eingeht, nennt sich *Wu Ming*, das nichtdualistische Tao.

Wir können nicht länger unterscheiden, ob sich der Schüler der Lehrerin anträgt oder die Lehrerin dem Schüler. Wir sehen jeden im anderen in purer Reflexion widergespiegelt.

推手

Tui Shou Der Tanz der Stoßenden Hände

Es gibt eine klassische chinesische Geschichte über zwei Unsterbliche, in der die Essenz der Beziehungen im Tao-Mentoring sehr anschaulich geschildert wird. Lu Dongbin hatte von seinem Lehrer Han Zhongli gelernt, wie man absolut gut wird. Obwohl er unsterblich und allmächtig war, brauchte er doch einen Mentor, ebenso wie der Jadekaiser Lao Tzu brauchte, obwohl er der höchste Gott in dieser Gruppe der Unsterblichen war. Eines Tages ging Lu zu Han und fragte ihn, wie man die höchste Weisheit erlernt. Han erwiderte, der wahre Weg zur Weisheit sei die Erkenntnis der »Leere«.

Hier haben wir eine entscheidende philosophische Untermauerung des Tao-Mentoring. Eines der machtvollsten Bilder, das die Weisheit ausdrückt, die man im »leeren Raum« findet, ist die Vorstellung von *Tui Shou*. *Tui Shou* ist der Tai-Ji-Tanz* der vereinten Hände, eine uralte und doch zeitgemäße Technik, mit der man die Weisheit fröhlicher Zusammenarbeit und Synergie in menschlichen Beziehungen ehren kann. Es ist ein Tanz zwischen zwei willigen und zustimmenden Partnern, ein Tanz, bei dem man Geschenke macht und sie vom anderen annimmt; ein Verschmelzen in kreisförmigen Mustern, während die Hände den leeren Raum zwischen den Partnern umfassen. Ebenso, wie der Leerraum beziehungsweise die Öffnung in einer Tasse, einem Glas oder eine Vase deren Funktion bestimmt, ist auch

---

*Tai Ji ist die neue, genauere Schreibweise des vertrauteren »T'ai Chi«, das in China nicht länger benützt wird. Das vertraute »Chi« verändert sich im Laufe der Jahre fälschlicherweise zu »Ch'i«, dem Wort für Atem/Lebensenergie.

der Raum beziehungsweise die Leere, die während des ständigen Tanzes der Stoßenden Hände im Tai Ji zwischen zwei Menschen existiert, die Essenz ihrer Beziehung – die Weisheit im leeren Raum zwischen den beiden Partnern.

Ton wird zu Gefäßen geformt, Türen und Fenster werden aus den Wänden herausgeschlagen, aber die Nützlichkeit liegt stets im Leerraum. Nutzen entsteht aus dem, was gefertigt wurde, aber die Nützlichkeit entsteht aus dem, was fehlt.

Diese Leere – eine Voraussetzung für das Empfangen beim Prozeß des Gebens – wird im Prozeß des Tao-Mentoring durch die natürliche Bewegung der Ausbreitung (des Lernens) und des Ausleerens (des Lehrens) bei jedem der beiden Partner geschaffen.

Vergleichen Sie nur einmal das Vereinen der Hände zum Gruß, wie es im Tao geschieht, mit dem typischen Händeschütteln des Westens. Im Westen weist das Ritual des Händeschüttelns lediglich auf einen oberflächlichen Kontakt zwischen zwei Menschen hin. Manchmal scheint das Händeschütteln wie ein Wettstreit, wer die Hand des anderen »stärker drücken« kann, ein Akt des Konkurrenzgebarens, eine Möglichkeit, die Kontrolle über eine Interaktion zu erlangen. Das einzige, was gegeben und empfangen wird, ist das Zögern, miteinander in Verbindung zu treten. Das führt zu einer Verhinderung potentieller Intimität. In China sind derartige Formalitäten bei gesellschaftlichen Begegnungen zwar ebenfalls üblich, aber Familienangehörige und Freunde, die einander liebevoll zugetan sind, bevorzugen oft eine anhaltende Berührung, um den Austausch zu verlängern und tieferes Verständnis zu erlangen. Dahinter steht die Überzeugung, daß man sich Zeit nehmen und offen sein muß, um mehr über den anderen Menschen zu lernen. Die wohlbekannte konfuzianische Maxime »Von dreien in einer Gruppe kann einer mein Lehrer sein« zeigt deutlich, daß die Chinesen schon vor Jahrhunderten gelernt haben, welche Chancen sich bieten, wenn wir im Alltagsleben Gelerntes miteinander teilen.

Wu Ji Der Leere Raum der Weisheit

Wenn zwei Personen in den Tanz des Tao-Mentoring eintreten, schaffen sie ein sicheres Umfeld, in dem Wahrheit und Weisheit von beiden entdeckt werden können. Auf diese Weise entsteht ein heiliger Raum, in dem die Partner einander offen dazu stimulieren können, ihre innewohnende Seele zu entdecken. Dieser »leere Raum«, der fruchtbare Leerraum reicher und immerwährender Schätze zwischen Geben und Empfangen, heißt *Wu Ji*: der Ort, um den herum der Weg des Wassers führt, der Ort des »Nichtwissens«, von dem aus alles möglich ist. Durch *Wu Ji* wird der Prozeß des Mentoring grenzenlos, ist befreit von den Beschränkungen durch Gestalt und Form. Tai Ji verkörpert das größte, ultimative Sein, *Wu Ji* dagegen hilft, eine Beziehung zu schaffen, die noch tiefer reicht, eine Beziehung, die in dem Prozeß, Weisheit zu geben und zu empfangen, völlig frei von Zwängen ist. *Wu Ji* ist darüber hinaus der Weg des inneren Wachstums. Das wiederum erlaubt dem Wasser des Lebens, in die Lücken zwischen den beiden Partnern zu strömen, die aufgrund des Generationsunterschiedes, der unterschiedlichen Herkunft und Ideale der Partner klaffen. Dieser weiche, ungefährliche, unkritische und doch machtvolle Fluß ermöglicht es den Partnern, sich dem Nichtwissen hinzugeben, was manchmal unbequem, bedrohlich oder sogar schmerzlich erscheinen kann. Es ist eher eine Reise denn ein Weg, kann nur erfahren, nicht bewältigt werden. *Wu Ji* erteilt uns allen in allen Bereichen des Lebens freundlich die Erlaubnis, uns auf lockere, humorvolle Weise unseren Verletzlichkeiten und Unsicherheiten zu stellen, während wir in den gewaltigen, leeren Ozean an Möglichkeit und Potential strömen. Profundes Wachstum und Veränderung sind die Folge, wenn man bereit ist, loszulassen und sich am Ort des Nichtwissens niederzulassen. Wer diese Leere erträgt, schafft gewaltige innere Stärke und Weisheit. Aus diesem Grund müssen wir sorgsam darauf achten, nicht schnurstracks in die Leere hineinzustürmen und sie füllen zu wollen, denn sie ertragen zu lernen, erfordert Zeit.

Gehen Sie nicht davon aus, daß Sie alles wissen. Achten Sie auf die Natur und verweilen Sie im Unendlichen. Reisen Sie aufgeschlossen auf unmarkierten Wegen. Seien Sie all das, was Sie sind, aber machen Sie kein Aufhebens darum. Seien Sie zufrieden, bleiben Sie leer und lernen Sie, sich den Geist des Anfängers zu bewahren.

Gu Shen Der Geist des Tales

Ohne diese Leere zwischen Mentor und Schützling gibt es kein Teilen. Die Leere ermöglicht es uns, genug zu lernen – gewissermaßen angefüllt zu werden –, nur um uns in dem Lernen-Lehren-Lernen-Zyklus des Tao erneut zu leeren. Wenn wir anderen als Mentor oder Mentorin dienen, werden uns die Lücken in unserem eigenen Wissen bewußt. Wir werden unzufrieden und erkennen, daß das Problem in uns liegt, und das stimuliert uns, uns weiter zu verbessern. Dieser Tanz aus Ratgeben und

Ratsuchen führt zur Selbsterweiterung. Wenn wir etwas lernen müssen, werden wir offen für das Empfangen; sobald wir gelernt haben, werden wir offen für das Geben. Das ist der niemals endende Prozeß des Tao-Mentoring.

Dieser Prozeß steckt voller wunderbarer Überraschungen. Vor einiger Zeit hielten wir eine recht erfreuliche Sitzung ab, in der wir begannen, unsere gesammelten Recherchen für dieses Buch zusammenzutragen. Wir tanzen seit unserer ersten Begegnung einen störungsfreien, fließenden Tanz, und dieses Treffen war typisch für unsere Beziehung. Wir saßen zusammen und blickten auf die herrliche Winterbrandung in Pacific Grove, Kalifornien. Ich (Jerry) dachte darüber nach, wie gut Chungliang, der in China geboren und im östlichen Gedankengut unterrichtet worden ist, mit mir, einem eifrigen Schüler des Tao mit formeller Ausbildung in westlicher Psychologie, zusammenarbeitete. Es hatte den Anschein, als ob wir einander dazu trieben, noch tiefer in das Verständnis chinesischen Denkens einzudringen. Chungliangs ermutigender, positiver Ton schuf ein ideales sicheres Umfeld, den leeren Zustand des *Wu Ji*, der es mir erlaubte, sofort in die offene Haltung des Nichtwissens einzutreten.

Jerrys Offenheit, Interesse und Begeisterung für diese Ideen ermöglichten es mir (Chungliang), wertvolle neue Erkenntnisse zu gewinnen; er absorbierte darüber hinaus die tänzerischen Bewegungen, die bei diesem Prozeß des Weisheitgebens und Weisheitempfangens zwischen uns abliefen. Als ich später an jenem Tag nach Hause zurückgekehrt war, erzählte mir Jerry, daß ihn in der Zwischenzeit ein enger Freund besucht hatte, der in einer Familienkrise seine Hilfe suchte. Jerry konnte ihm ein besserer Mentor sein, weil er ein guter Ratsuchender gewesen war. Er war bereit, Mitgefühl und Liebe mit seinem Freund zu teilen. Das Thema hatte sich geändert, der Prozeß des Tao-Mentoring jedoch nicht. Jerry hielt sich exakt an das, was in unserer gemeinsamen Arbeit praktiziert worden war. So hörte er beispielsweise aufmerksamer zu, und er machte Vorschläge, anstatt zu versuchen, die Richtung zu kontrollieren, in die sein Freund gehen würde. Er zeigte Freundlichkeit und Geduld in einer urteilsfreien Atmosphäre.

Laut dem *I Ging* wird sich alles, was sein Extrem erreicht, in sein Gegenteil verwandeln. Die Sonne geht, der Mond kommt; der Mond geht, die Sonne kommt. Auf diesem Wechselspiel – aus dem Weg zu gehen und Raum zu schaffen für den anderen – basiert das taoistische Konzept von *Gu Shen*, dem Geist des Tales. Der Platz im Tal, eine präzise Metapher für die Beziehung im Tao-Mentoring, schenkt Leben und bietet fruchtbaren Boden, indem er bereitwillig den Regen aufnimmt. Während das frisch gefallene Wasser zu einem Sturzbach wird, beginnen Bäume und Gras zu wachsen, bieten Schatten und Nahrung und ernähren eine Vielzahl von wilden Tieren, die davon angezogen werden. Das einst leere Tal füllt sich jetzt mit Leben, und weil es offen ist, nimmt es auch die Wärme der starken, nährenden Sonnenstrahlen auf.

Das chinesische Schriftzeichen für »Berg« zeigt drei benachbarte Gipfel zwischen zwei Tälern, mit dem Himmel darüber und der Erde darunter. Im Tao-Mentoring müssen wir alles sehen: Gipfel und Tal, den ganzen Menschen. Um es mit den Worten C. G. Jungs zu sagen: Das Tal ist die Seele (Yin), während der Geist sich in jedem der Gipfel widerspiegelt (Yang). Wenn wir uns die Zeit nehmen, die Komplexitäten innerhalb des Tales zu verstehen, werden wir frei, uns nach den Weiten der Gipfel in allen Bereichen des Lebens auszustrecken. Die philosophische Essenz des *Gu Shen*, des Geistes des Tales, ist die wechselseitige Abhängigkeit und das mehrdimensionale Verständnis von Geist und Weisheit.

Das Feuer *des mächtigen Flusses Yang*
brennt nach oben und nach außen.
Das Wasser *des stillen Tales Yin*

strömt nach unten und nach innen.
Durch ihre harmonische Vereinigung
gerät das Chi in Bewegung und erblüht.
Und das Große Höchste – das Tai Ji – wird geboren.

Wu Dao   Die Tanzenden Wu-Ji-Mentoren

Alle guten Mentoren (die geben und lehren) sind fortwährend offen, selbst Rat zu suchen (zu empfangen und zu lernen). Um ein guter Lehrer zu sein, muß man ein guter Schüler sein. Um ein guter Schüler zu sein, muß man lernen, was der Lehrer oder die Lehrerin lehrt. Die Krux des Tao-Mentoring liegt unserer Meinung nach im *Wu-Dao*-Tanz zwischen Mentorin oder Mentor und Ratsuchendem, bei dem jeder am Geben und am Empfangen beteiligt ist. Im Tao wird dieses Geben und Nehmen, die ständige Anpassung an den *Wu-Dao*-Tanz des Mentoring, beschrieben:

Ist es nicht wie das Bespannen eines Bogens?
Die Spitze biegt sich nach unten und das Fußende nach
  oben.
Die Über (Länge) wird verkürzt, die Unter (Breite) wird
  gedehnt.
Es ist der Weg des Himmels, denen zu nehmen, die zuviel
  haben,
und denen zu geben, die nicht genug haben. Wer vermag es,
  genug und übergenug zu haben, um es der ganzen Welt zu
  geben?
Nur der Mann des Tao.

Im Chinesischen wird der Vorgang des Gebens und Empfangens durch die Elemente Feuer und Wasser dargestellt. Das Feuer (beziehungsweise das Geben) ist die Lebenskraft, die wir in unserem *Dantien* (dem Bauch oder Reservoir) spüren, bereit, wie eine Flamme nach außen und oben freigelassen zu werden. Das Wasser (beziehungsweise das Empfangen) ist die Yin-Verwandlung des Yang-Feuers. Es ist weich und sanft, eine verjüngende Eigenschaft, die vom *Dantien* nach der Vollendung des Feuers (des Gebens) empfangen wird, nachdem unsere Energie ganz nach außen gerichtet wurde (wenn wir gegeben haben).

Um ein Tao-Mentor sein zu können, muß man mit Mitgefühl (und anderen Tao-Tugenden) das übermitteln können, was man sich als Ratsuchender früher selbst angeeignet hat. Beim Tao-Mentoring steht der einzelne in einer wechselseitigen Beziehung aus gegenseitiger Erfüllung, Mitgefühl, Liebe und Respekt – in einer Atmosphäre der Offenheit, der Kommunikation und Loyalität. Es ist ein Tanz ohne Ego, der uns ermutigt, unser Einfühlungsvermögen zu schulen. Gleichzeitig wird uns bewußt, daß sich die Überzeugungen und die Beweggründe für das Tun beziehungsweise die Tatenlosigkeit anderer auch tief in uns selbst widerspiegeln. Wir sind eins mit unserem Partner; wir lassen uns in allen menschlichen Dimensionen aufeinander ein; keiner von beiden ist der Guru, weil jeder eine Weisheit besitzt, die dem anderen nützt. Die einzige Hierarchie basiert allenfalls auf dem konkreten Wissen eines der beiden Partner, aber selbst das unterliegt einem ständigen Prozeß der Veränderung. Lehrer lernen von ihren Schülern, was die Schüler lernen müssen, ebenso wie Eltern von ihren Kindern in bezug auf viele emotionale und spirituelle Fragen des Lebens Geschenke der Weisheit empfangen.

Hier gilt es zu verstehen, daß dieser Tanz des Mentoring uns in eine Falle locken kann, nämlich in die Falle, uns sehr edel zu fühlen. Wir vermitteln den Eindruck, wir seien so weise und gleichzeitig bescheiden, weil wir uns der »Weisheit« des Ratsuchenden »öffnen«. Wenn andere das bemerken, fühlen sie sich gönnerhaft behandelt. Es ist keine leichte Sache, sich bei diesem Tanz nicht edel vorzukommen und ganz ehrlich die Geschenke anzunehmen, die der andere anzubieten hat. Denken Sie an eine Wippe: Eben waren Sie noch oben, doch schon drückt Sie Ihr Körpergewicht aus der Position der Macht hinunter und katapultiert Ihren Partner zu der exponierten Position hinauf. Dieser ständige Austausch wird von beiden akzeptiert.

Ein guter Ratsuchender zu werden, ist der erste Schritt zu einer solch dynamischen, beiderseitig zufriedenstellenden Beziehung. Da das einzige, was wir als Mentor jemals anbieten müssen, die Weisheit unserer eigenen Erfahrung ist, sollte uns ständig daran gelegen sein, selbst Rat zu suchen.

In diesem niemals endenden Prozeß des Tao-Mentoring gilt es zu verstehen, daß man niemals wirklich zum Wissenden, zum Weisen wird – somit sind wir frei von diesem Druck. Es gibt einen überaus gebildeten Lehrer, dessen Lebenslauf sich wie das »Who's who« amerikanischer Pädagogen liest. Wann immer er einen Vortrag oder ein Seminar hält, bittet er denjenigen, der ihn dem Publikum vorstellt, seine Referenzen herunterzuspielen. Auf diese Weise wird der Druck von ihm genommen, einer solchen Reklame gerecht zu werden. Er ist ein Tao-Mentor. Sein zurückhaltender Ansatz macht es anderen leicht, sich am Gespräch zu beteiligen; sie werden von seiner großen Erfahrung nicht eingeschüchtert. Er ist bereit, ein Partner zu sein.

Denken Sie einen Augenblick über das universelle Tai-Ji-Symbol nach. Die wellenartige, – wie ein Flußlauf – gekrümmte Linie in der Mitte symbolisiert keine dauerhaft aufgezwungene Teilung. Ihre Bedeutung liegt in ihrer Bewegung, in ihrem Tanz aus fließender Veränderung. So ist es auch beim Tao-Mentoring, bei dem es weder zuviel Yin noch zuviel Yang gibt; es ist eine Einheit, es ist dynamische Veränderung. Wahre Weisheit ist der Zustand, in dem sowohl das Geben als auch das Empfangen beiden Partnern der Mentoring-Beziehung ein *inneres Bedürfnis* ist.

Eine tanzende Variation dieses Symbols weist in der Mitte einen leeren Kreis auf. Möglicherweise handelt es sich hier um das äußerste Vakuum, das alles enthält, was es zu wissen gibt: die Weisheit des Lebens. Durch kreisartige Bewegungen finden wir unseren Weg in die Mitte. Wir kreisen um den unveränderlichen Mittelpunkt, und von dort können wir die Weisheit aller Dinge sehen.

Jeder Mensch kann in jedem Lebensalter das *Wu Dao* betreten. Bei diesem Mentoring-Tanz liegt der Schlüssel zum Erfolg in der Entwicklung des *Te* (wie in *Tao Te King*). Im Chinesischen symbolisiert *Te* die potentielle Kraft des einzelnen, der dem Tao und seinem Herzen folgt, was all seine Visionen zu spontanen Taten und Aktionen verdichtet. Das Symbol enthält den Weg (Pfad) und das Konzentrieren aller Sinne (Visionen) in einen einzigen Herzverstand. *Te* erfordert ein zusätzliches Loslassen der Logik, des Bedürfnisses, so zu tun, als ob wir alles wüßten, und des Wunsches, uns als Wissende zu präsentieren. *Te* verlangt von uns das Zugeständnis, daß wir »nicht wissen«, und das schafft das Gefühl einer Weisheit, die sich niemals festen, begrenzten Optionen über das unterwirft, was sein sollte. Indem wir diese Leere zugeben, ermöglichen wir eine Vereinigung mit unseren Partnern, schaffen potentielle Beziehungen mit tiefem Verständnis und der Offenheit zu ungeheurem Wachstum und zu Veränderung.

> *Wer weiß, daß er nicht weiß, wird weise.*
> *Wer meint, daß er viel weiß, bleibt unwissend.*

Wenn wir demütig und bescheiden sind, erlangen wir den Respekt anderer Menschen; wenn wir leer sind, ist es unsere Bestimmung, gefüllt zu werden. Stellen wir uns eine Mutter vor, die das Tao-Mentoring praktiziert. Wie alle frischgebackenen Mütter unterlaufen ihr Schnitzer, macht sie Fehler. In Augenblicken der Schwäche, in denen sie ihr Kind enttäuscht hat, lautet ihr Lieblingsspruch: »Hör zu, das ist das erste Mal und alles ganz neu für mich. Ich möchte die beste Mutter sein, die ich sein kann, aber ich brauche deine Hilfe. Und wenn du etwas falsch machst, dann werde ich dir helfen.« Wenn das Kind ihr sagt, was funktioniert, und sie sich daraufhin bessert, ist das Kind auch aufgeschlossener dafür, seiner Mutter zuzuhören, wenn diese ihrerseits schlechte Verhaltensweisen korrigieren möchte. Im Tanz des Mentoring müssen alle für ihre Leere, für das Nichtwissen offen sein, um zu lernen und zu lehren. Um Ihr Wissen in die richtige Perspektive zu rücken, sollten Sie sich an die Weisheit des Chuang Tzu erinnern, der sagte, daß das, was wir wissen können, im Vergleich zu dem, was wir nicht wissen können, nur ein Blinzeln ist im Vergleich zu dem umfassenden Überblick über eine Situation.

Der Kern des Tao-Mentoring liegt in dem Eingeständnis, daß wir auf unserem Weg Hilfe brauchen. Der Ratsuchende bittet die Mentorin oder den Mentor um die *Erlaubnis*, etwas wagen und verletzlich sein zu dürfen. Wenn wir hinfallen oder einen Fehler machen, reicht es vollkommen aus, unsere Unsicherheit zu fühlen und es mit Hilfe des Mentors einfach nochmals zu versuchen. Gehen Sie los, machen Sie einen gewaltigen Fehler und vertrauen Sie darauf, daß Ihr Mentor Ihnen helfen wird. Streben Sie immer weiter in dem Wissen, daß Sie vollkommen in Ordnung und nunmehr in der Lage sind, andere, die ebenfalls hingefallen sind, zu unterweisen oder als Mentor zu lehren. Wenn wir vor dem Eingeständnis, daß wir »nicht wissen«, Angst haben, mögen wir zwar eine Zeitlang stark erscheinen, aber die Illusion wird bald zutage treten. Und denken Sie nur an all die Energie, die es erfordert, diese Illusion aufrechtzuerhalten! Das Tao-Mentoring macht uns frei, nach den wunderbaren Lektionen des Lebens zu streben, ohne die Furcht, zu versagen oder bloßgestellt zu werden.

Wu Wei   Die Bewegung des Tao-Mentoring

Wu Wei ist das anstrengungslose Tun, bei dem Sie den natürlichen Weg der Lebensereignisse akzeptieren, ohne ihm Ihren Willen aufzuzwingen. Wenn Mentorinnen und Mentoren sowie Ratsuchende dem *Wu Wei* folgen, sind sie in Harmonie mit dem Tao-Mentoring. *Wu Wei*, das feinsinnigste Prinzip des Taoismus, beschreibt eigentlich die Lebensführung eines Menschen, der dem Tao folgt und die menschliche Natur und die Komplexitäten des Lebens so gut versteht, daß er nur eine Mindestmenge an Energie und Widerstand benötigt, wenn er damit arbeitet.

Chuang Tzu erzählt eine äußerst passende *Wu-Wei*-Parabel, die von einem taoistischen Koch handelt. Dieser Koch folgt dem natürlichen Faserverlauf, wenn er Fleisch schneidet, und läßt seine scharfe, dünne Schneide ihren Weg mühelos durch die verborgenen Öffnungen zwischen Knochen und Sehnen suchen. Infolgedessen bleibt sein Messer scharf, anders als beim unerfahrenen Koch, der einfach auf das Fleisch einhackt. Dessen Messer stumpft beim Schneiden ab, darum muß er seine Hilfsmittel häufig ersetzen. Moderne Beispiele finden sich in der Geschäftswelt, in der Versagen und Fehler als natürliche Komponenten zum kreativen Prozeß gehören. Ein guter Mentor-Manager kämpft gegen einen solchen Rückschlag nicht an, und er zwingt seine Angestellten auch nicht dazu, vollkommen zu sein. Die Mentorin oder der Mentor weiß, daß Irrtümer unvermeidlich sind, und ermutigt die eigenen Mitarbeiter und Mitarbeiterinnen, Versagen zu akzeptieren und die Gelegenheit zu nützen: Alle Fehler sind Lektionen, die uns helfen, uns zu verbessern. Der effiziente *Wu-Wei*-Manager setzt niemand dem Druck aus, perfekt sein zu müssen. Er belohnt vielmehr jene, die Lösungen für den Rückschlag finden. Dieser Ansatz sorgt anstrengungslos für Einheit und Kooperation. *Wu Wei* ist eine kooperative Einstellung, die jedwede Selbstsucht transzendiert und über das Ego hinausgeht. Vertrauen und Aufrichtigkeit gehören zu seinen kraftvollsten Tugenden. *Wu Wei* ist der Weg des Wassers – man handelt aus dem Herzen heraus und folgt dem Fluß der Natur, ebenso wie fallende Blätter dem Wind folgen, auf dem Wasser landen und sich vom Strom mittragen lassen.

Wir können das *Wu Wei* beim Tao-Mentoring unter anderem dadurch erlangen, daß wir etwas praktizieren, was im Tao *Jue Xue* heißt (das Akzeptieren der Vorstellung, daß äußeres Wissen begrenzt ist). Dabei setzen wir das, was wir gelernt haben, nicht dazu ein, um andere zu beeindrucken, sondern als Mittel der Weisheit, um anderen zu helfen, aus unserem Wissen Nutzen zu ziehen. *Jue Xue* fordert Sie nicht dazu auf, Ihre Weisheit zu verleugnen, sondern dazu, die zugehörigen Fallgruben zu meiden – das heißt, nicht mit der Weisheit zu protzen und »weiser als der andere« sein zu wollen.

Die *Wu-Wei*-Bewegung kommt mit einem gewissen Maß an Erfahrung; sobald wir gelernt haben, wie mühelos es sich anfühlt, unsere Anstrengungen »zu verschmelzen«, wird *Wu Wei* zur ersten Wahl. Machen Sie sich jedoch klar, daß dies Zeit erfordert. *Wu Wei, Wu Ji* und andere Tao-Konzepte stellen sich ganz natürlich mit wachsender Erfahrung, Weisheit und Reife ein. Wenn wir uns selbst kennenlernen (als Ratsuchende), dann lernen wir, auf unsere Lebenssituationen mit großer Spontaneität zu reagieren (als Mentoren).

Hao Jan Zi Ch'i   Der sich ausdehnende Geist

Das Tao betont das grundlegende Gute in der menschlichen Natur. Oberstes Ziel in gesunden Tao-Mentoring-Beziehungen ist es, dieses Gute in beiden Partnern zu bekräftigen und zu fördern. Der chinesische Philosoph Menzius nannte dies den »sich ausdehnenden Geist« oder *Hao Jan Zi Ch'i*, der uns – bildlich gesprochen – dazu befähigt, in die Luft der frühen Morgendämmerung hinauszutreten und sie tief einzuatmen. Wenn Sie einmal früh aufstehen und einen Spaziergang machen, werden Sie die Essenz weicher Tautropfen und klarer, reiner Luft – gekühlt von der Nacht und noch nicht durch die Abgase der Rush-hour-Blechlawinen verschmutzt – verstehen können. Ebenso, wie Sie das Gute dieser Luft am liebsten schützen und für den ganzen Tag bewahren würden, wünschen sich Tao-Mentoren, den Geist beziehungsweise das Gute jener zu bewachen, denen sie ihren Rat erteilen. Daher ist es die eigentliche Aufgabe des Mentors, andere zu der Entdeckung dieses Guten in sich selbst zu führen und ihnen zu helfen, ihrer Integrität zu folgen. Gleichzeitig sollen sie sich der inneren Wahrheit dessen, wer sie sind und was sie tun können, bewußt werden. Für Mentorin und Mentor ist dies ein Prozeß, bei dem sie oder er die Mentorschaft nur vermittelt, sie nicht verkörpert. Im Chinesischen wird dieser innere Stärkungsprozeß durch das uralte Symbol des Tai-Ji-Mandalas verkörpert, des Großen Höchsten, das alle Kräfte der menschlichen Natur symbolisiert. Wer diese Kraft erhält, wird seine Aufgaben bewältigen, und wenn die Arbeit getan ist, wird er sagen: »Ich habe es selbst geschafft.« So begehen beispielsweise Eltern häufig den Fehler, ihre Kinder zu Sport und anderen Aktivitäten zu zwingen oder zu nötigen. Auf diese

Weise rufen sie Ablehnung und Gegenkraft in den Kindern hervor. Es ist ein delikates Unterfangen, den Geist und das Herz der Kinder zu bewachen und beschützen. Eltern, die gleichzeitig Tao-Mentoren sind, hören auf die Leidenschaften ihrer Kinder und führen sie sanft auf dem Weg, den sie für sich gewählt haben. Dabei entdecken die Kinder ihre innere Größe und glauben, daß sie das, was sie getan haben, selbst getan haben.

So gibt es viele Möglichkeiten, wie der Tao-Mentor und die Tao-Mentorin in ihren Schützlingen den sich ausdehnenden Geist wachrufen und fördern können. Das folgende Beispiel veranschaulicht dies.

Ein Tao-Mentor unterstützt die Träume und Ziele aller in der Beziehung.»Groß zu denken« wird immer gefördert, und der Mentor erinnert die anderen daran, was in jedem Interessengebiet möglich ist.

Der Tao-Mentor zögert nicht, seinen Rat zu erteilen, wenn man ihn darum bittet. Aber am wichtigsten ist, daß er dem Ratsuchenden, der bereit ist, seinen Segen gibt und ihm die Erlaubnis erteilt »zu fliegen«. Natürlich ist bei diesem Ansatz enge Führung der Schlüssel, nicht Gewalt. So wird der Mentor oder die Mentorin beispielsweise bemerken, in welche Richtung der Schützling gehen möchte, und er wird einfühlsam Vorschläge unterbreiten, wie dieser sich seinem Ziel nähern kann. Der Schützling gewinnt daraufhin Zuversicht und bewegt sich sicher weiter auf seinem Weg.

Mentoring bietet rechtzeitig wertvolles Feedback durch offene Gespräche, um die richtige Perspektive zu schaffen. Dabei hält man sich strikt an die Prinzipien der Wahrheit und Ehrlichkeit. In einer professionellen Beziehung kann der Mentor seinen übereifrigen, talentierten Partner, der nach einem Rat sucht, wissen lassen, daß »es noch nicht an der Zeit ist«, falls der Partner denkt, daß er in den »inneren Kreis« aufgenommen werden sollte.

Ein Tao-Mentor wird anderen begeistert von den Talenten seines Protegés berichten. Er wird seinen Einfluß nutzen, um seinem Partner Aufmerksamkeit und Öffentlichkeit zu verschaffen. Durch das Wissen, daß sein Mentor an ihn glaubt, steigt die Zuversicht des Schützlings. In einer gesunden Tao-Mentoring-Beziehung sollte der Schützling nicht zögern, seinen Mentor zu ermuntern, in beruflichen Belangen für ihn einzutreten oder Beziehungen für künftige Gelegenheiten zu knüpfen.

Durch Bestätigung und Bekräftigung fördert der Tao-Mentor Selbstvertrauen, Zuversicht und Selbsterkenntnis in seinem Schützling. Der Glaube von Mentor oder Mentorin an den Schützling trägt dazu bei, Angst und Furcht in Zeiten von Chaos und Krise zu verringern.

Indem der Tao-Mentor eine liebevolle, heilige Atmosphäre voller Mitgefühl schafft, ermöglicht er es seinem Schützling, sicher voranzuschreiten und einen Mißerfolg zu riskieren – in dem Wissen, daß Rückschläge nur Lektionen sind, die ihm den rechten Weg weisen. Häufig wird der Mentor offenlegen, wie er selbst zu Anfang gekämpft und versagt hat und daß diese Rückschläge sich als positive Gelegenheiten erwiesen haben, zu lernen und weiterzukämpfen.

Ein guter Tao-Mentor kann andere durch sein Beispiel anspornen und ermutigen, indem er große Leidenschaft und Elan zeigt. Eine gewisse Flexibilität, die sich in der Bereitschaft äußert, jene Regeln zu beugen, die dem Fortschritt im Wege stehen, ist ein sicheres Zeichen für eine Tao-Mentorin oder einen Tao-Mentor. In manchen Fällen kann der Mentor angesichts von Widrigkeiten sogar so weit gehen, seinen eigenen Ruf zu riskieren. Ein guter Mentor hat keine Angst, für seinen Schützling »einzutreten«, wenn dieser in eine mißliche Lage geraten ist. Für seinen Partner zu kämpfen – auch wenn sich das im allgemeinen keiner großen Beliebtheit erfreut –, ist oft wichtiger, als Regeln und Bestimmungen zu folgen, die keinen Sinn ergeben.

Wenn wir in eine Tao-Mentoring-Beziehung eintreten, dürfen wir erwarten, uns frei, lebendig, positiv, energiegeladen und stark zu fühlen. Wir können erwarten, daß unsere Geisteshaltung – beziehungsweise »die Luft der frühen Morgendämmerung« – bewahrt bleibt. Die Tao-Mentoring-Beziehung ist ein Paradebeispiel wahrer Befreiung: körperlich, geistig und emotional. In einer solch dynamischen, spirituellen Beziehung werden wir nie aufhören zu wachsen und uns zu entwickeln, während wir sanft in Gewässer »gestoßen« werden, die wir einst gefürchtet haben.

Ein Vater bat seinen dreijährigen Sohn, an den Rand des Swimmingpools zu treten und zu springen. Der Junge sagte: »Nein, ich habe Angst.« Wieder ermutigte ihn der Vater vorzutreten. Der Junge trat an den Rand, aber er sprang nicht. Erneut forderte ihn der Vater sanft auf zu springen. »Ich werde dich beschützen ... es macht Spaß.« Da sprang der Junge und juchzte in unvorstellbarer Freude.

Dao Ying Die Ideale Mentoring-Beziehung

Mentoring-Beziehungen entstehen für gewöhnlich dann, wenn zwei Menschen beschließen, daß die Zeit reif ist für Veränderung, für Weiterentwicklung und Offenheit gegenüber größeren Möglichkeiten in allen Bereichen des Lebens. Manchmal formen sich diese Partnerschaften ganz natürlich, beispielsweise zwischen Eltern und Kindern, zwischen Lehrern und Schülern, Managern und Angestellten und was der Beispiele mehr sind. Dann wieder ist eine Suche erforderlich oder die Umstände bringen zwei verwandte Seelen zusammen. Ungeachtet dessen, wie wir zueinanderfinden, häufig machen wir uns große Sorgen, ob die Beziehung auch wirklich ideal ist. Schließlich haben wir alle schon von Scharlatanen gehört, die Menschen unter dem Deckmäntelchen der Lehrerschaft ausnutzen und manipulieren.

Nach welchen Eigenschaften sollten wir Ausschau halten, wenn wir den Tanz einer wichtigen, ja idealen Mentoring-Beziehung choreographieren? Auf diese Frage könnte es so viele Antworten wie Beziehungen geben, aber einige grundlegende Merkmale haben gesunde Mentoring-Beziehungen doch gemeinsam. Philosophisch gesehen ähnelt der Kern eines idealen Mentoring-Vorgangs dem uralten taoistischen Konzept des *Dao Ying*. Hier verkörpert das Symbol Ying den fließenden Weg des Tao-Mentoring: Der auf das Ziel ausgerichtete Pfeil liegt im voll gespannten Bogen, zentriert und dazu bereit, losgelassen zu werden; er weiß um das wahre »Schwarze der Zielscheibe«, das nicht *da draußen* ist, sondern im spirituellen Zentrum zwischen den Partnern in diesem Prozeß des Lehrens und Lernens liegt. Im *Dao Ying* geht der Mentor über die übliche Vorstellung eines »Meisters« hinaus und wird zu einer besonderen Art von Führer, zu jemandem, der sowohl führen als auch geführt werden kann. *Dao Ying* flößt eine Einstellung des Vertrauens ein, die den Mentor zu der Aussage befähigt: »Ich vertraue darauf, daß du mich an dieser Stelle führst. Und ich vertraue darauf, daß du im nächsten Augenblick meine Führung respektieren wirst.« In dieser wechselseitig abhängigen, lockeren Beziehung aus gegenseitigem Respekt zeigt jeder der Partner von einem Augenblick zum anderen *Dao Ying*.

Es gibt noch andere Eigenschaften, die eine gesunde Tao-Mentoring-Beziehung ausmachen. Sie ist zum Beispiel offen, voller Mitgefühl und Fürsorge, sie strahlt Leidenschaft aus und inspiriert zu persönlichem Wachstum. Tao-Mentoren gehen Seite an Seite mit ihren Schülern, um sie sanft anzuleiten und ihnen Möglichkeiten zu eröffnen.

Tao-Mentoren sollten zugänglich und aufgeschlossen sein, jedoch nicht notwendigerweise »gute Kumpel«. Im Laufe der Zeit werden Sie und Ihr Mentor vielleicht Freunde werden, aber gehen Sie nicht von Anfang an davon aus, daß Ihr Mentor und Sie eine enge persönliche Beziehung haben werden. Das ist keine Voraussetzung für gute Mentorschaft.

Verantwortungsgefühl ist in einer solchen Beziehung allerdings unabdingbar. Hat Ihre Mentorin einen Mentor? Die besten Mentoren sind Schüler anderer Mentoren.

Humor ist ebenfalls ein wichtiger Aspekt des *Dao Ying*. Kann Ihr Mentor über seine Fehler und Irrtümer lachen? Weigert er sich, sich selbst allzu ernst zu nehmen? Lachen ist Tao.

Besitzt Ihre Mentorin ein inneres »Allerheiligstes«, einen Ort, an dem sie Zuflucht vor dem geschäftigen Treiben des Lebens findet, einen Ort, an dem sie die Perspektive des gesunden Menschenverstandes wiederfindet und ihre Energie auflädt?

Ist Ihr Mentor bereit, für Sie einzutreten, wenn Sie in Schwierigkeiten stecken? Zeigt er ein starkes Gefühl der Hingabe an die Beziehung? Welche Art von Unterstützung läßt Ihnen Ihr Partner angedeihen?

Die Suche nach einer gesunden Mentoring-Beziehung ist keine leichte Aufgabe. Obwohl Ihr Bedürfnis groß sein mag, kann es zu einer echten Herausforderung werden, einen guten Mentor zu finden. Die Welt ist voller Gurus, die danach streben, ihr eigenes Bedürfnis nach Liebe, Aufmerksamkeit, sogar Verehrung zu befriedigen. Denken Sie daran: Die besten Situationen flößen Ihnen Selbstliebe und Respekt ein. Wenn Sie nach einer solchen Beziehung suchen, verlassen Sie sich auf Ihr Herz, auf Ihr tiefes, intuitives Gefühl dafür, was richtig zu sein scheint. Rufen Sie sich die oben genannten Eigenschaften ins Gedächtnis und wählen Sie sorgfältig. Wenn Sie wahrhaft bereit sind, wird der Partner höchstwahrscheinlich erscheinen.

Um das *Dao Ying* in einer Mentoring-Beziehung aufrechtzuerhalten, müssen wir uns in allen Bereichen des Lebens wie

Wind und Wasser bewegen. Indem wir dem Weg des Wassers folgen, können wir so klar wie ein Gebirgsbach sein und so tief wie der tiefste Ozean. Anders als Lehrer, die Wachstum erzwingen, führen die Tao-Mentorin und der Tao-Mentor andere so, wie Sonne und Regen die Erde nähren – ganz sanft.

Wang Tao

Die Tugenden des Tao-Mentoring kultivieren

W enn wir eine Tao-Mentoring-Partnerschaft beginnen, treten wir eine endlose Reise der Selbsttranszendenz und des Wachstums an. Das hilft uns zum einen, einen offenen Herzverstand zu kultivieren, und befähigt uns zum anderen, die wechselseitige Abhängigkeit allen Lebens zu erfahren. Das Tao hält Selbstkultivierung und Selbsterkenntnis für entscheidende Komponenten, um anderen Geschenke der Weisheit anbieten zu können. Dieses individuelle Wachstum wird durch die Tao-Tugenden von Herz und Seele erleichtert. Der Weg von Herz und Seele heißt im Chinesischen *Wang Tao*: der Weg (*Tao*), um die Tugend natürlicher Vollkommenheit (*Wang*) zu entwickeln. Die Tugend (*Te*) verkörpert im Chinesischen die Kraft, die erwächst, wenn man dem Weg der Natur (*Tao*) mit allen menschlichen, weit offenen Sinnen – den körperlichen sowie den spirituellen – folgt und sich mit seinem Herzverstand auf eine Vision konzentriert.

> Tao *schenkt allen Dingen Leben.*
> Te *hegt sie, läßt sie wachsen, sich entwickeln,*
> *bietet ihnen Zuflucht – einen Ort, um in Frieden zu*
> *verweilen,*
> *an dem es sie nährt und schützt.*
>
> Tao *gibt Leben ohne Besitzansprüche.*
> Te *handelt, ohne sich dafür zu rühmen,*
> *führt, ohne zu zwingen.*
> *Das ist die Mystische Tugend.*

Effiziente Mentorinnen und Mentoren führen voller Tugend, ohne Zwang oder Anstrengung. In einer Atmosphäre der Inspiration, des Vertrauens, des Mutes und der Harmonie, in der gegenseitige Abhängigkeit und persönliche Stärke geschaffen werden, fangen die Beteiligten an, zu wachsen, nachzudenken und ein Bewußtsein für ihr größeres Selbst und für die Größe anderer zu entwickeln.

Es folgt eine Liste an Tugenden, die alten Quellen taoisti-

42

scher Weisheit entstammen. Diese universellen Wahrheiten helfen jenen von uns, die sich im Mentoring-Prozeß befinden und ein starkes zwischenmenschliches Band entwickeln wollen, während wir uns den grenzenlosen Möglichkeiten in jedem von uns weit öffnen. Es sind Tugenden, die uns anleiten, anstatt uns auf dieser Reise der Entdeckung und Erweiterung anzutreiben. Entdecken Sie selbst ihre Bedeutung in allen Bereichen des Lebens, in denen Lehren und Lernen einen Platz haben. Diese Liste ist keineswegs erschöpfend, und Sie werden zweifellos eigene Punkte beisteuern, wenn Ihre Gedanken erst einmal in diese Richtung gelenkt werden. Zögern Sie nicht, so viele Punkte hinzuzufügen, wie Sie für richtig halten, und setzen Sie sie entsprechend um.

Die Tao-Sprüche bieten einen angenehmen Rahmen zum Meditieren, Nachdenken und Ausleben der Vorstellungskraft. Die Tugenden, die in diesem Abschnitt vorgestellt werden, nähren den Geist der Liebe, schüren das Feuer des Herzens und erheben die reiche Seele in jedem, der sich im Tao-Mentoring engagiert. Sie befähigen alle Beteiligten, sich dem konfuzianischen Ideal des *Jen* zu nähern, das heißt der Menschenherzlichkeit und des Wohlwollens. Das chinesische Schriftzeichen für *Jen* zeigt die tugendhafte Beziehung zwischen zwei Menschen als eine des herzerfüllten Mitgefühls, der Liebe und der seelenvollen Rücksichtnahme aufeinander. Dieser Gedanke wird Ihnen helfen, eine sichere, menschliche Atmosphäre zu schaffen, in der Sie im Geiste der Leere (*Wu Ji*) Weisheit geben und empfangen können. Dieser Gedanke sollte Sie zur Kontemplation anregen und Ihnen helfen, Ihre eigene Richtung zu finden; er verkörpert keine Doktrin. Vieles bleibt ungesagt, auf daß wir – wie die Leere – die Lücken ausfüllen und persönliche Bedeutung in jede Situation hineintragen können. Diese altehrwürdigen Kostbarkeiten erleichtern unseren Transformationsprozeß, ebnen den Weg zur Entdeckung unseres größeren Selbst – und aus eben diesem Grund sind wir ja in die Mentoring-Beziehung eingetreten.

Die Tao-Tugenden sehen die Menschen in einem positiven Licht. Sie gehen davon aus, daß jeder von uns in der Lage ist, so gut wie alles zu bewerkstelligen. Es ist an der Zeit, den Kern dieser Vision zurückzuholen. Im Chinesischen bedeutet Menschlichkeit oder menschenwürdiges Denken tatsächlich vernünftiges, wahres, tugendhaftes Denken in Übereinstimmung mit der menschlichen Natur. Alles, was uns von dieser menschlichen Natur trennt, kann nicht als Wahrheit gelten. Unvernünftig zu sein heißt, selbstgerecht zu sein, während der Vernünftige beziehungsweise der Menschliche die Möglichkeit in Betracht zieht, daß er sich irren könnte. Lin Yutang schreibt in seinem klassischen Werk *Weisheit des lächelnden Lebens*: »Der Geist der Vernünftigkeit vermenschlicht all unser Denken und läßt uns weniger starr an die Richtigkeit unserer Auffassungen glauben. Er hat das Bestreben, unsere Ideen abzurunden und die Unebenheiten unseres Verhaltens zu glätten.« Auf diese Weise sind Humanismus und *Wu Ji* geeignete Partner für den Prozeß des Tao-Mentoring.

Wir schlagen vor, daß Sie die nachfolgenden Tao-Mentoring Tugenden (*Te*) des Herzens (*Hsing*) und der Seele (*Ling*) langsam und bedacht lesen. Jede Tugend wird auf insgesamt vier Seiten vorgestellt. Auf der ersten Seite können Sie den Geist des Tao erfahren, indem Sie sich in die dynamischen Pinselstriche der Kalligraphie, die diese Tugend abbildet, versenken und darüber meditieren. Spüren Sie in der künstlerischen Darstellung die Kraft dieser uralten Weisheit. Erfreuen Sie sich an der fließenden Bewegung jedes Schriftzeichens, im Verein mit dem, was es symbolisiert, und seiner besonderen poetischen Bedeutung, die Sie auf der zweiten (gegenüberliegenden) Seite finden. Wenn Sie bereit sind, die Tugend weiter zu erkunden, gehen Sie zur dritten Seite über und genießen Sie unsere persönlichen, kreativen Übersetzungen der geistreichen Weisheiten aus verschiedenen, uralten chinesischen Klassikern, die sich auf diese Tugend beziehen. Auf der vierten Seite werden Sie die praktischen Anwendungsmöglichkeiten dieser Weisheit kennenlernen sowie ihre Bedeutung in der modernen Zeit. Während Sie über diese Gedanken, Fragen und Vorschläge nachdenken, schauen Sie tief in sich hinein und fragen sich: »Was bedeutet das für mich? Wie wirkt sich diese Weisheit auf all meine Beziehungen und auf mein ganzes Leben aus?« Überlegen Sie, wie Sie die betreffende Tugend in Ihrer gegenwärtigen Welt anwenden können. Entdecken Sie, daß diese Tugend bereits tief in Ihrem Geist, Ihrer Seele, Ihrem tiefsten Gefühl, wer Sie wirklich sind und wie Sie mit anderen umgehen wollen, wohnt. Wenn Sie die vier Seiten jeder Tugend gelesen haben, erfahren Sie hoffentlich das Denken-Spüren-Fühlen-Intuitivwissen, das die jeweilige Tugend begleitet. Vielleicht wächst auch Ihre Fähigkeit, diese Wahrheit mit klarer, frischer Einsicht zu empfangen und zu leben. Nehmen Sie die Botschaft leicht in sich auf, ohne Anstrengung oder Anspannung. Einige der Tugenden werden Sie als genau richtig empfinden, und Sie werden sie sofort in Ihrem Leben umsetzen können. Andere mögen Ihnen fremd erscheinen. Lassen Sie sie für den Moment im Raum stehen und gehen Sie zur nächsten Tugend über. Kommen Sie irgendwann später auf sie zurück. Denken Sie daran, daß diese Tugenden Signalfeuer sind, die den Weg erhellen. Sie sollen erfahren, nicht geleistet werden; sie leiten uns sanft an, anstatt uns unter Zwang zu führen.

Nehmen Sie sich Zeit, um das Tao, den Weg des Wassers, zu entdecken und sich an ihm zu erfreuen – in allen Aspekten Ihrer Mentoring-Beziehungen.

Die Tugenden des Herzens

Der erste Schritt zur Kultivierung des Tao-Mentoring ist die Entwicklung und Förderung der Tugenden des Herzens. Die Chinesen beschreiben »Tugend« mit diesem bekannten Sprichwort: »Wer dem Tao folgt, mit Wahrheit und Erfüllung in seinem Herzen, ist wahrlich tugendhaft.« Das Herz (*Hsing*) bedeutet im Chinesischen soviel wie Verstand / Herz / Bewußtsein. Das entsprechende Schriftzeichen erinnert an die erblühende Lebenskraft der Natur, aber auch an das Entfalten der menschlichen Natur. Beim Mentoring müssen wir uns notwendigerweise weit für unsere reine und unschuldige Natur öffnen, mit all unseren Freuden, Kümmernissen, Begrenzungen und Möglichkeiten. Diese Tao-Tugenden erfordern den Mut, sanft und freundlich zu sein, was uns paradoxerweise in unseren Mentoring-Beziehungen stark macht. Uralte, universelle Eigenschaften wie Vertrauen, Freundlichkeit, Geduld, Achtsamkeit, Einfachheit, Bescheidenheit und Ehrlichkeit befähigen uns neben vielen anderen Eigenschaften, die Verhärtungen und Blockaden des Herzens hinter uns zu lassen und das Band und die Verbundenheit der Mentoring-Beziehungen zu stärken. Indem wir unserem Herzen gegenüber wahrhaft sind, bestärken und fördern wir unsere Reise, unsere Versuche, dem, was wir tun und wie wir es tun, in all unseren Partnerschaften einen Sinn zu verleihen. Wenn wir über die erfolgreichsten und wertvollsten Erfahrungen unseres Lebens nachdenken, werden wir feststellen, daß sie es sind, die wir im Geiste der Liebe, mit der Stimme des Herzens, geschaffen haben.

Leere

Die chinesischen Schriftzeichen zeigen einen leeren Raum, der gefüllt und immer wieder gefüllt werden muß, solange wir in dieser »fruchtbaren Leere« tief in unserem Innern das Symbol für ewige Erneuerung sehen. Wenn sich in einem Wald auf natürliche Weise ein Feuer entzündet, entsteht eine neue Lichtung – mit dem Versprechen neuen Lebens.

Beim Lernen sammeln wir. Beim Tao geben wir ab.
Um leer zu sein, können wir voll sein,
doch um voll zu sein, müssen wir leer bleiben.
Fülle liegt in der Leere.

Die meisten von uns sind der Ansicht, Lehrer müßten alles wissen. Die weise Tao-Mentorin und der weise Tao-Mentor wissen, wie wichtig es ist, sich dessen bewußt zu sein, was man nicht weiß, um überhaupt lernen zu können. Taoistische Weise behaupten, daß jemand, der nicht weiß, in Wirklichkeit weiß, und jemand, der weiß, in Wirklichkeit nicht weiß. Um wahres Wissen und Weisheit zu erlangen, müssen wir offen und leer bleiben und zulassen, daß die Ideen anderer Menschen in uns hineinströmen. Leer zu sein, zu erkennen, wie wenig wir wissen, heißt, die Fülle zu haben. Denken Sie an die klassische Zen-Geschichte von dem selbstgefälligen Professor, der sich zu einem Meister begibt, um mehr über den Zen-Buddhismus zu lernen. Der Zen-Meister lädt ihn zum Tee ein, und um ihn zu erleuchten, gießt er so lange Tee nach, bis die Tasse überläuft. Dann erklärt der Meister sanft: »Genauso ist es. Dein Wissen läuft bereits über, wie kann ich dir noch mehr geben?« Welch gutes Gefühl es ist, leer zu sein! Allerdings müssen wir üben, unsere Tasse zu leeren, um besser empfangen zu können. Der Tao-Mentor strebt in der Tat danach, weniger kenntnisreich zu erscheinen, als er ist, und dabei begeht er weniger Fehler, unterlaufen ihm weniger Irrtümer. Auf diese Weise wird echte Fülle erreicht. Das ist die Essenz der Leere, die schwanger ist mit Potential und alle Möglichkeiten enthält. Die Leere ist dieser demütige *Wu-Ji*-Ort, an dem alles geschehen kann; die offene Tasse, in die der neue »Tee des Lernens« eingegossen werden kann; das bescheidene Nichts, das alle Möglichkeiten enthält.

Bescheidenheit

Die chinesischen Schriftzeichen illustrieren die Haltung tiefen Respekts in Sprache und Tun bei der Kommunikation mit anderen, beim demütigen Teilen von Weisheit und Wissen im Lernprozeß.

*Mit einer Einstellung anspruchsloser Bescheidenheit
stellen Sie keine Gefahr und keine Bedrohung für die
Menschen Ihrer Umgebung dar.
Aufrichtige Bescheidenheit ermöglicht eine loyale
Ausrichtung auf die Mitmenschen hin.
Prahlen Sie nicht und spielen Sie sich nicht auf.
Hüten Sie den Jadeschatz
zurückhaltend in Ihrem Innern.
Die Haltung eines bescheidenen Herzens und
des ehrlichen Respekts für den Weisen
wird Segnungen aus allen Richtungen herbeiführen.*

Ist Ihnen schon aufgefallen, daß unsichere Menschen das gräßliche Bedürfnis haben, sich selbst zu loben? Jene, die sich ohne Scham rühmen, haben anscheinend große Schwierigkeiten damit, ihrem eigenen Bild von sich gerecht zu werden. Konfuzius erzählt die Geschichte eines Kriegers, der Demut zeigte: Als seine Armee in der Schlacht geschlagen wurde, war er der letzte, der floh. Um nicht als Prahler zu gelten, behauptete er einfach, er sei nur deshalb zurückgeblieben, weil sein Pferd so langsam war; infolgedessen waren Ruhm und Ehre sein. Wir sind erfolgreicher und werden mehr geschätzt, wenn wir bescheiden bleiben und uns auf die Größe anderer konzentrieren. Die Tao-Tugend der Bescheidenheit trägt dazu bei, Neid und Überheblichkeit abzuhalten, und fördert den leichten Austausch von Herz zu Herz während des Mentoring – ohne das Bedürfnis, den Ruhm einstreichen zu wollen oder sich für den vollen Erfolg am Ende verantwortlich fühlen zu müssen. So viele von uns spüren ständig das Bedürfnis, anderen und uns selbst unseren Wert beweisen zu müssen. Das schadet unserem körperlichen, geistigen und spirituellen Wohlbefinden sehr. Lin Yutang erzählt humorvoll von der alten chinesischen Benimmregel, sich vor Älteren und Vorgesetzten auf den Boden zu werfen; er bezeichnet das als die vernünftigste »Ganzkörper«-Übung für alle Altersstufen, nicht nur für den Körper, sondern auch für Verstand und Geist: Es unterwerfe das hochnäsige, kopforientierte Selbst dem Bauchgefühl-Selbst – ein höchst organischer Weg, um schicklich zu bleiben und seine Bescheidenheit zu bewahren. Das taoistische Denken ermutigt uns, all das zu sein, was uns gegeben wurde, und doch so zu handeln, als hätten wir nichts erhalten. Auf diese Weise wird niemand von uns Notiz nehmen, und doch bringen wir allen Glück.

Selbstannahme

Die chinesischen Schriftzeichen stellen eine Person dar, die sich ihrer selbst in ihrem Körper völlig bewußt ist. Das Bewußtseinszentrum dieser Person (*Hsing* – »Herzblume«) ist voll erblüht, bereit, Kraft von oben zu empfangen, offen in Beziehung zu anderen zu treten und sich in ihnen widerzuspiegeln.

*Es mag ja klug scheinen, andere zu kennen und zu
akzeptieren, doch nur, wenn man sich selbst akzeptiert,
ist man auf dem Weg zur Weisheit.
Man mag sich mächtig fühlen, wenn man andere
überwindet, doch nur, wer sich selbst diszipliniert,
besitzt wahre Stärke.
Es mag edel sein, andere zu ehren,
doch nur, wer sich selbst respektiert, nennt ein
tiefes Selbstwertgefühl sein eigen.*

Achten Sie darauf, wie Kampf in unser Leben tritt, wenn wir an uns selbst zweifeln. Es kommt nicht auf die inneren Ängste und Fehler an, sondern wie wir angesichts ihrer Gegenwart leben. Wenn wir unsere Mängel erkennen, sie respektieren und offen annehmen, besitzen wir wahre Weisheit und sind offen für die Größe in uns. Kehren Sie immer wieder zum sicheren und wahren Selbst zurück, zum Ort der vollen Bewußtheit für Körper, Verstand und Geist. Machen Sie sich klar, daß es absolut natürlich ist, Charakterfehler und Zweifel zu haben, die wir vielleicht niemals überwinden oder verstehen können. Das geht jedem Menschen so! Können wir unser ganzes Selbst akzeptieren, in all seinen Dimensionen, und uns dennoch weiterentwickeln? Denken Sie an die Geschichte des Mannes, der seine Fußabdrücke haßte: Er rannte immer schneller, um ihnen zu entkommen, aber je schneller er rannte, desto mehr Fußabdrücke schuf er, bis er sich schließlich zu Tode rannte. Chuang Tzu zeigt uns den Wert der Nutzlosigkeit in Hinblick auf die Selbstannahme in seiner Geschichte von dem verkrüppelten Mann, der aufgrund seiner Mißbildung nicht zum Krieg eingezogen wird und aus Respekt für seinen Zustand eine Sonderration an Nahrung und Privilegien erhält. Viele knorrige und verwachsene Bäume erreichen ein hohes Alter, in ihrer Natürlichkeit vollkommen, weil sie für den Baumeister nutzlos sind.

Integrität

Die chinesischen Schriftzeichen illustrieren die Ganzheit und Vornehmheit des Charakters. Zusammen symbolisieren sie die Verpflichtung, für persönliche Prinzipien einzutreten, sich ständig geistig und spirituell zu läutern und sich von verderblichen Einflüssen und Versuchungen fernzuhalten.

Bleiben Sie Ihren Moralvorstellungen und Prinzipien treu. Stehen Sie fest für das ein, was Sie für wahr halten.

Glauben Sie ohne Kompromisse an Ihr wahres Selbst.

Vertrauen Sie auf Ihre innere Kraft und setzen Sie sie ein. Handeln Sie in Übereinstimmung mit Ihren Träumen und Visionen.

Reinigen Sie Ihr Herz und Ihre Seele, wie sich auch die Natur selbst erneuert.

Seien Sie ehrlich zu sich selbst, und Sie werden in Übereinstimmung mit dem leben, was richtig ist, in Harmonie mit den Naturgesetzen des Universums.

Was geschieht, wenn wir in bezug auf das, was richtig ist, unserem Instinkt vertrauen, wenn wir unseren Moralvorstellungen und Prinzipien treu bleiben und ihnen entsprechend redlich handeln? Die Tao-Weisen sagen uns, wenn wir uns selbst gegenüber ehrlich und treu bleiben, werden wir immer das Richtige tun, das Gute finden, das zu Wissende verstehen und ein Leben der Harmonie mit den Natur- und Moralgesetzen führen.

Nur, wenn wir unserem inneren Selbst gegenüber aufrichtig und ehrlich sind, können wir unsere innere Natur und die Natur anderer erfüllen und die Menschen unserer Umgebung beeinflussen. Wenn wir den Kontakt zu unserem inneren Selbst verloren haben, verspüren wir Furcht. Daher müssen wir unsere Integrität um jeden Preis bewahren, indem wir unsere tiefverwurzelten Werte erkennen und pflegen. Nur wenn wir wissen, wie unsere Werte aussehen, können wir mit Integrität handeln. Wenn wir diesen Werten untreu werden, gestatten wir anderen, unsere Gedanken oder Überzeugungen zu kontrollieren und uns Minderwertigkeitsgefühle einzujagen. Was würde geschehen, wenn wir aus tiefer Selbstwahrheit heraus handelten und uns mit derselben tiefen Wahrheit in unserem Partner verbänden? Wenn tiefe Ehrlichkeit eine Partnerschaft bedroht, sollten wir diese dann fortsetzen? Lohnt sich das? Integrität ist die Weigerung, einen »Ausverkauf« des wahren inneren Selbst zu starten, ungeachtet der Situationen, in denen sich das Leben präsentiert. Das ist einer der wichtigsten Aspekte des Tao-Mentoring.

Freundlichkeit

Die chinesischen Schriftzeichen symbolisieren
Liebe und Mitgefühl in einem freundlichen
Austausch zwischen zwei Menschen, die sich
beide weit für die gemeinsamen menschlichen
Sorgen und Erkenntnisse öffnen.

仁
愛

Liebevolle Freundlichkeit anderen gegenüber wird einen Geist unvergleichlicher Wechselseitigkeit erschaffen.
Aus Anhängern werden Führer,
aus Führern willige Anhänger,
die gemeinsam Schwierigkeiten überwinden
und für kollektive Ziele Opfer bringen.
Mit liebevoller Freundlichkeit gewinnt man Herzen.
Durch Mitgefühl erzielt man Loyalität und Kooperation.

Die uralte Geschichte von dem sagenhaften Königreich Shambhala ist ein Paradebeispiel für Frieden und Wohlstand. Freundliche Herrscher kümmerten sich gut um ihre Bürger, und diese wiederum waren freundlich, gehorsam und entgegenkommend gegenüber ihren Herrschern. Es heißt, der Schlüssel zum Erfolg dieses Königreichs lag in der ehrlichen Liebe, dem Mitgefühl und der Freundlichkeit, die seine Herrscher während ihrer Regentschaft zeigten. Sie schenkten Freundlichkeit und erhielten im Gegenzug dasselbe. Im *Shu Ching* steht zu lesen, daß die Länge der Regierung einer Dynastie im exakten Verhältnis zu dem Maß an Liebe, Mitgefühl und Freundlichkeit steht, die ihre Herrscher aufbringen.

Liebevolle Freundlichkeit voller Mitgefühl schafft im Tao-Mentoring-Prozeß gegenseitiges Verständnis und kooperative Beziehungen. Konfuzius sagt über die Freundlichkeit, sie begrüße und beschütze andere; sie fördere, was an Gutem in anderen Menschen sei, und vergebe ihrer Ignoranz. Achten Sie einmal darauf, was geschieht, wenn Menschen in ihren Beziehungen grausam oder hart sind. Es ist, als ob sie selbst hart geworden wären und ihr Herz verloren hätten. Menzius sagte: »Wenn einem Menschen ein Hund verloren geht, so weiß er, wie er ihn wiederfinden kann; aber sein Herz geht ihm verloren, und er weiß nicht, wie suchen.« Das Tao-Mentoring ist ein Prozeß, bei dem man das verlorengegangene Herz sucht und kultiviert. Wir lernen, daß wir Loyalität und Kooperation ernten, wenn wir freundlich, liebevoll und voller Mitgefühl sind. Nur dann inspirieren wir andere, spüren ihren Geist und atmen Leben in ihr ganzes Wesen. Wir überwinden gemeinsam Zwistigkeiten bei der Erlangung all unserer Ziele.

Urteilslosigkeit

Die chinesischen Schriftzeichen illustrieren die
Fairneß eines Bewußtseins, das alles unter dem
Himmel als gleichwertig betrachtet und sich
dem Ausgleich von Widersprüchen zutiefst
verpflichtet fühlt.

Erleuchtete Menschen urteilen nicht.
Wer urteilt, ist nicht erleuchtet.
Der Weg des Tao unterscheidet nicht
und arbeitet ohne Trennung und Konflikt.

Der Weg des Tao-Mentors ist ein Weg liebevollen Mitgefühls, der über Kritik oder Schuldzuweisung hinausgeht. Werturteile, Kritik, Herabsetzung und Sarkasmus sind Krebsgeschwüre, die das Band zwischen Mentor und Schützling zerfressen und eine Atmosphäre der Unsicherheit schaffen. Das beschwört das Ende der Beziehung herauf. Nur zu häufig kritisieren wir an anderen eben das, was wir an uns selbst nicht mögen. Wir klagen zum Beispiel darüber, daß jemand anders negativ ist, wenn wir in Wirklichkeit stets selbst die dunkle Seite der Dinge suchen. Andere zu verurteilen ist daher oft eine Verurteilung von uns selbst. Trennt uns diese verurteilende Intoleranz von uns selbst und von anderen oder verbindet sie uns? Wie fühlen wir uns, wenn unsere Gedanken und Gespräche kritisch sind? Welche Einstellung haben wir zu jenen Menschen in unserem Leben, die verurteilen, kritisch oder lieblos sind?

Urteile sind etwas Unnatürliches. Wenn wir dem Tao folgen, werden wir ganz selbstverständlich Mitgefühl entwickeln; Mitgefühl nährt Toleranz. Wenn wir uns über unseren Partner aufregen oder wütend auf ihn sind, müssen wir lernen, unsere Gefühle auszudrücken, ohne unsere Selbstachtung oder die Wertschätzung des anderen zu zerstören. Achten Sie darauf, wie stark wir uns fühlen, wenn wir in Harmonie mit der Natur sind und unsere Neigung zu urteilen transzendieren. Urteile sind destruktiv, Toleranz ist konstruktiv. Bringen Sie den kritischen Verstand zum Schweigen und helfen Sie ihm, mit dem zu tanzen, was da ist. In unserem tiefsten Kern sind wir alle unschuldiger, reiner, vollkommener Geist. Wir alle haben Fehler und Makel auf der Oberfläche unseres Seins. Ehren wir sie! Verwenden wir sie als Gewürze, während wir ein exzellentes Festbankett zur Feier des göttlichen Menschen zubereiten.

Vertrauen

Die chinesischen Schriftzeichen beschwören
das innere Gefühl von Zutrauen in andere
und in uns selbst herauf, den Mut, der
natürlichen Evolution der Dinge zu folgen,
und die Bereitschaft, die Verantwortung zu
übernehmen – als die Person, die mit diesem
Bewußtsein und dieser Klarheit betraut wurde.

Die Entfaltung der Ereignisse des Lebens ist so offensichtlich wie das Kommen und Gehen der Jahreszeiten,

der Wechsel von Sonne, Mond und Sternen.
Alle Dinge sind genau so, wie sie sein sollten.

Vertrauen ist notwendig, wenn die Ereignisse und Umstände unseres Lebens sich anders entfalten, als sie das unserer Ansicht nach sollten. Wenn wir der Natur vertrauen, werden wir keine Schwierigkeiten haben, uns selbst zu vertrauen. Ohne ein zugrundeliegendes Vertrauen, ohne Zuversicht in die Natur werden wir angespannt und gestreßt und sind nur selten erfolgreich. Ein Tao-Mentor oder eine Tao-Mentorin nimmt wahr, daß alle Dinge genau so sind, wie sie sein sollten; er oder sie vertraut auf den Fluß des Stromes. Die Natur sendet uns ständig Botschaften – Omen, die den Weg weisen, Zeichen, die uns helfen, unseren Träumen zu folgen. Der Fortschritt mag langsam sein, doch müssen wir weiterhin dem Weg der Natur vertrauen. Was geschieht, wenn wir die Umstände erzwingen oder manipulieren? Arroganz blockiert den natürlichen Fluß. Wenn wir Blumen pflanzen, zerren wir nicht an ihnen, damit sie schneller wachsen oder größer werden – wir gestatten ihnen, natürlich zu wachsen. Das trifft auch auf das Mentoring zu. Die folgende chinesische Parabel ermutigt uns, dem zu vertrauen, was wir innerlich als richtig empfinden, anstatt uns auf irgendein äußeres Anzeichen dafür zu verlassen, was richtig sein könnte: Ein Mann ging los, um sich ein neues Paar Schuhe zu kaufen, aber er vergaß, seine Maßangaben mitzunehmen; darum kehrte er nach Hause zurück, um sie zu holen. Als er wieder zum Laden kam, war dieser geschlossen, folglich bekam er keine Schuhe. Jemand fragte ihn, warum er die Schuhe nicht einfach anprobiert habe, und er erwiderte: »Ich vertraue lieber den Maßangaben als mir selbst.« Persönliches Vertrauen zu haben ist befriedigend; geben Sie dieses Vertrauen nicht auf, auch wenn die Dinge vorübergehend unklar sind.

Innere Stille

Die chinesischen Schriftzeichen verkörpern den inneren Frieden, den man erlangt, wenn man mit dem sanften und weiblichen Yin seinen Frieden geschlossen hat, mit dem empfangenden Selbst, mit der Ruhe und Klarheit, die erlangt wird, wenn man nicht strebt.

Erlangen Sie die höchste Leere.

Halten Sie an der inneren Stille fest.

Während alle Dinge wachsen und erblühen,

meditieren Sie über die sich verändernden Zyklen des

Lebens. Die ganze Natur gedeiht,

und alles kehrt zu seiner Quelle zurück.

Die Rückkehr zu den Ursprüngen bringt innere Stille,

eine Rückkehr, mit der wir auf unser Schicksal

Anspruch erheben.

Das ist ein ständiger und ewiger Prozeß.

Diese ewige Konstante zu kennen, nennt sich

Erleuchtung.

Obwohl die meisten von uns Schwierigkeiten haben, genügend Zeit für die Stille zu finden, sollte uns klar sein, daß sich ein Rückzug, selbst für eine kurze Zeitspanne, wohltuend auswirkt, insbesondere dann, wenn wir frustriert sind, wenn wir in einer Krise oder gar im Chaos feststecken. Im Mentoring-Prozeß befähigt uns die Innenschau, langsamer zu werden, auszuruhen und unsere Reise sowie den Prozeß der Selbsterkenntnis zu beobachten, der auf unserem Weg so wichtig ist. Man kann sich nicht selbst in fließenden Gewässern sehen, wohl aber in Wasser, das still ist. Nur wenn man mit Hilfe der inneren Stille Wachstum und Potential erkannt hat, kann man bedeutsame Beziehungen erfahren und die universellen Gesetze der Selbstentwicklung verstehen. Um diesen Vorgang zu unterstützen, nimmt sich der weise Mentor die Zeit, zu lesen und über die natürlichen Rhythmen und die Zyklen der Partnerschaft nachzudenken, darüber, wie sich die Beziehung entfaltet, wie sie wächst und sich verändert. Wollen wir, daß das Leben rasch an uns vorüberzieht, oder wollen wir uns nach innen wenden und verstehen, was vor sich geht? Um äußere Bewegung in unser Leben zu bringen, müssen wir zuerst Gemütsruhe finden. Was würde geschehen, wenn wir die Welt nur aus einem Zugfenster sehen könnten oder Blumen nur vom Rücken eines galoppierenden Pferdes? Wir müssen *innehalten*, nach innen *sehen* und genau *zuhören* – dem, was wirklich geschieht. Wir verdienen alle eine Zuflucht und Zeit für uns, einen Ort, an dem Offenheit und Staunen wahrhaft existieren.

Achtsamkeit

Die chinesischen Schriftzeichen symbolisieren
eine spirituelle Aufmerksamkeit gegenüber den
inneren Stimmen unseres tieferen Selbst, die
nach außen dringen, um sich mit unseren
äußeren Angelegenheiten in Einklang zu
bringen.

Seien Sie in Harmonie mit dem Tao,
das Sie bittet, sich den kleinen,
feinen Details der Dinge zu widmen.
Seien Sie ebenso achtsam,
wenn Sie zu anderen Menschen in Beziehung treten.
Ihr Geist wird Ganzheit erfahren.

Achtsamkeit, der Zustand entspannter Bewußtheit, entsteht
durch einen Vorgang, bei dem wir Bewußtsein erlangen und
in Übereinstimmung mit dem handeln, was wir als richtig
erkannt haben. Es ist die Harmonie, die entsteht, wenn wir
uns den subtilen Details einer Beziehung widmen. Sobald wir
sehen, handeln wir. Als Bewußtseinsübung ist es erforderlich,
sich der Auswirkungen all unserer Taten, Entscheidungen,
Worte und Bewegungen bewußt zu sein. So ist beispielsweise
die Achtsamkeit jener Bewußtseinszustand, der uns davor
warnt, mit jemandem, der gerade gescheitert ist, über unsere
Erfolge zu sprechen und uns in Augenblicken des Erfolgs an
unser Versagen zu erinnern. Das erfordert Einfühlungsvermögen und den Mut, die Welt einfach so wahrzunehmen,
wie sie sich in einem bestimmten Augenblick darstellt, ohne
zu urteilen oder zu kritisieren. Achtsames Tao-Mentoring
fördert auch das Tun – aufmerksam und fürsorglich zu sein
und sich darum zu kümmern, daß andere fair behandelt
werden. Wie fühlen wir uns, wenn ein anderer rücksichtsvoll
ist und achtsam auf unsere Bedürfnisse und Kümmernisse
reagiert? Können wir lernen, nichts dem Zufall zu überlassen?
Jeden Tag müssen wir Wege finden, um gegenüber unserem
Glück und den Bedürfnissen anderer achtsam zu bleiben. Es
gibt keinen Weg zur Achtsamkeit; Achtsamkeit *ist* der Weg. Es
ist das Loslassen vorgefaßter Meinungen und der Neigung,
Probleme zu lösen und zu urteilen; es ist die Bereitschaft, das,
was ist, zu entdecken, zu erforschen und zu schätzen – mit
konzentrierter, vertrauensvoller Aufmerksamkeit. Wenn wir
das tun, wird unser Geist Ganzheit erfahren.

Aufmerksamkeit

Die chinesischen Schriftzeichen stellen die Tugend und den Vorzug des tiefen Zuhörens dar. Wenn wir auf andere »von ganzem Herzen« reagieren und die Lektionen (die in Erfahrung gebrachten Schätze) ehren, lassen wir bedeutsame Verwandlung zu.

*Anderen aufmerksam zuzuhören,
ungeachtet ihres Stands oder ihrer Stellung, ist wichtig.
Weise Menschen denken über die tiefere Bedeutung
und den wahren Wert aller Vorschläge nach.
Lernen und Lehren stehen durch konzentriertes
Zuhören
und gegenseitige Wertschätzung in fröhlichem
Austausch.*

Um eine Atmosphäre der Sicherheit zu schaffen und offene Gespräche zu fördern, hört der Tao-Mentor mit ganzer Aufmerksamkeit zu – nicht nur mit den Ohren, sondern auch mit dem Geist, mit seinem ganzen Herzen. Wenn wir mit unserem Geist und unserem Herzen still zuhören wollen, müssen wir leer sein und bereit, ohne Vorurteil zu empfangen; wir müssen uns auf die wahren Bedürfnisse unseres Partners einstimmen und entsprechend handeln. Was für eine Beziehung richtig ist, muß längst nicht für alle Beziehungen gelten; aufmerksames Zuhören hält den Tao-Mentor auf der richtigen Fährte. Wenn wir »eine Meile in den Schuhen des anderen gehen«, entwickeln wir durch unser Zuhören ein tiefes Gefühl für die Befindlichkeit des anderen. Wenn wir wahrhaft zuhören und die Gefühle unseres Partners respektieren, werden Probleme leichter gelöst. Es gibt weniger Kampf, Kritik, Furcht und Fehlinterpretationen; es gibt mehr Wärme, Fürsorge, Kooperation und ein Gefühl der Klarheit über die wichtigen Fragen der Beziehung. Lernen und Lehren werden durch intensive Aufmerksamkeit leichter und fröhlicher ausgetauscht. Hören Sie auf jeden, ungeachtet der Vorurteile unserer Gesellschaft gegenüber Alter oder Status. Welche Gefühle hegen wir persönlich, wenn wir etwas Wichtiges zu sagen haben und andere uns einfach nicht zuhören wollen? Wenn sie unsere Beiträge nur mit Vorbehalt aufnehmen? Kommunikation, Vertrauen und Begeisterung werden rasch ausgelöscht, wenn das Zuhören fehlt. Mentoring ist ein zweigleisiges Kommunikationssystem, bei dem beide Partner »genau richtig liegen« oder »das Ziel verfehlen« können. Bleiben Sie in Geist und Herz offen ... *hören Sie zu* ... in der sicheren, einfühlsamen Atmosphäre des Tao-Mentoring.

Entschlossenheit

Die chinesischen Schriftzeichen weisen auf die Entschlossenheit des Handelns hin und betonen dabei nachdrücklich die Klarheit von Gedanken und Wünschen und den Willen, eine Entscheidung aufrechtzuerhalten, solange sie wahrhaft aus dem Herzen kommt.

Wenn man in Übereinstimmung mit dem Herzen
einen Entschluß gefaßt hat
und das Hsing *in Einklang mit der menschlichen*
Natur steht, werden all Ihre Taten dem Tao folgen.
Es wird keine Schuld geben.

Das Tao-Mentoring hält sich an die Prinzipien der Entschlossenheit, einen achtsamen Zustand selbstbewußter Zuversicht in der Beziehung mit der Bereitschaft, den Prozeß nicht durch Aggressivität zu zerstören. Aggressive Verhaltensweisen, seien sie körperlich oder emotional, spalten gesunde Bündnisse und führen zu einer entsprechenden Gegenoffensive. Große Lehrer sind in der Lage, sich ohne den Einsatz von Aggression entschlossen und klar auszudrücken. Das *Shih Ching*, das chinesische Buch der Oden, stützt diese Vorstellung: »Während des ganzen ernsten Ritus fiel kein einziges Wort, und doch wurde alles Streben aus ihren Herzen verbannt.« Wenn man einen anderen einschüchtert, vermuten andere dahinter ein hohes Maß an Unsicherheit und Unklarheit in bezug auf die eigenen Fähigkeiten. Wenn ein Tao-Mentor einem Konflikt gegenübersteht, legt er eine Entschlossenheit an den Tag, die »nicht viel Federlesens macht«, die selbstsicher und unbeirrbar ist und deren Absichten völlig klar sind. Diese entschlossene Vorgehensweise befähigt uns, unsere Ziele effektiver zu erlangen. Taoisten sind wirkliche Pazifisten, die das Bedürfnis verstehen, sich selbst und andere vor harten Übergriffen zu schützen. Sie tun das nicht mittels Aggression, sondern indem sie ihre Macht entschlossen ausüben. Wenn wir wahrhaft klar im Herzen sind, werden wir einen Weg finden, um reibungslos und ohne Hindernisse fortzufahren. Wenn wir entschlossen sind, bieten wir starke Führerschaft und Klarheit in allen Beziehungen.

Beharrlichkeit

Die chinesischen Schriftzeichen illustrieren
Stärke, Standhaftigkeit und unerschütterliche
Erdung im Geiste des einzelnen. Wer mit Herz
und Mitgefühl das unvermeidliche menschliche
Leiden annimmt und transzendiert, wird als
Lohn schließlich Erfolg und Erfüllung finden.

Große Menschen bringen Dinge durch Beharrlichkeit zuwege. Unerschütterliches Voranschreiten auf einem konsequenten Weg führt zum Erfolg. Mit einem Herzen voller Mitgefühl sind ununterbrochene Freude und großes Glück der unvermeidliche Lohn.

Die Beteiligten an einem Tao-Mentoring-Prozeß müssen unbedingt die Fähigkeit besitzen, auch während entmutigender Momente durchzuhalten, und das auf eine wissende, überlegte Weise. Konfuzius sagt, daß es nicht darauf ankommt, was wir zu denken oder zu tun versuchen; sobald wir erst einmal angefangen haben, kommt es nur darauf an, daß wir niemals unseren Mut verlieren, bis die Aufgabe vollendet ist. Auch wenn wir tausend Anstrengungen unternehmen müssen, durch standhaftes und konsequentes Voranschreiten werden wir ganz sicher zum Erfolg kommen. Um unserer Beharrlichkeit auf die Sprünge zu helfen, sollten wir uns auf die Freude der Reise konzentrieren, auf den Weg, nicht auf das Ziel. Wir müssen Mitgefühl mit uns selbst haben, wenn wir keinerlei Fortschritte zu erzielen scheinen. Unabhängig davon, ob wir unsere Ziele erreichen, haben wir denn das Gefühl, daß die Erfahrung selbst sich lohnt? Machen Sie sich klar, daß Höhen und Tiefen natürliche Aspekte des Tao-Mentoring sind. Nehmen Sie sie als Phasen des vermehrten Lernens und der Meisterschaft an und verwerfen Sie sie nicht als unnötige Ärgernisse. Wenn wir die schwierigeren, entmutigenden Zeiten heil überstehen und unserem Herzen folgen – also dem, was jeder für sich selbst als richtig erkannt hat –, werden wir letztendlich Erfüllung erfahren. Lassen Sie uns nicht aus dem Blick verlieren, was wir uns wünschen oder wo wir sein wollen. Trotz aller Biegungen und Richtungsänderungen findet der Fluß schließlich seinen Weg zum Meer. Seien Sie beharrlich – in Ausgeglichenheit und hoffnungsvoller Vorfreude.

Geduld

Die chinesischen Schriftzeichen offenbaren ein Herz, das sich den kleinen Einzelheiten der menschlichen Natur und der gegenseitigen Bedürfnisse widmet, ebenso der Rücksichtnahme auf andere, mit der Sensibilität, sich den gegenseitigen Wünschen anzupassen.

Beobachten Sie in Ruhe die natürliche Entwicklung der Ereignisse.
Schnelles Wachstum und Fortschritt sind unnatürlich.
Bewahren Sie das innere Bild vom allmählichen Erblühen Ihres Potentials.
Vermeiden Sie Eile. Springen Sie nicht blindlings los.
Freuen Sie sich an der Erwartung!

Während uns die Beharrlichkeit, eine bewußte Geisteshaltung, in Zeiten der Entmutigung ständig in Bewegung
auf das Erlangen einer Vision hält, ist Geduld die Tugend,
die uns befähigt, voll konzentriert zu bleiben und das Warten
zu genießen, während sich die Vision allmählich entfaltet.
Lao Tzu ermutigt Lehrer und Mentoren zur Geduld. Wenn
wir geduldig sind, wird alles zu uns kommen. Schnelles
Wachstum und Fortschreiten sind unnatürlich, wir sollen uns
nach und nach unserem Potential öffnen. Denken Sie daran,
daß die Dinge nicht dann geschehen, wenn es unserer
Meinung nach sein sollte, sondern dann, wenn die Zeit reif
ist. Geduld – die Bereitschaft, uns auf unsere Energien zu
konzentrieren und den Prozeß des Wartens, während sich die
Dinge entfalten, zu genießen – hilft uns, in Harmonie mit dem
Fluß des Lebens zu bleiben. Das Tao-Mentoring läßt uns
erkennen, daß wir alle Zeit und Raum brauchen, um uns
gemäß unserem natürlichen Prozeß zu entwickeln, um unser
Leben seine eigene Gestalt annehmen zu lassen. Ein Tao-
Mentor oder eine Tao-Mentorin ist bereit, Lerninhalte zu
wiederholen, neue Lehrmethoden zu schaffen und geduldig
Zeit für das Verdauen des Gelernten und die natürliche
Entwicklung zuzugestehen. Unweigerlich kommt der Tag, an
dem der Tao-Mentor den Moment auskosten kann, in dem
sich der Funke der Erkenntnis in seinem Schützling entfacht
und ihr gemeinsames Lernen erhellt.

Losgelöstheit

Die chinesischen Schriftzeichen wecken einen
transzendenten Geist, der Grenzen über-
schreitet und selbstgesetzte Beschränkungen
hinter sich läßt, der die alte Haut abstreift
und befreit aus körperlicher und geistiger
Beengtheit auftaucht.

*Wünsche und Bindungen
an äußere Umstände
schmälern und verringern
die eigene Kraft und die persönliche Macht.
Leiden erhöht sich, wenn die Bindungen bleiben.
Lassen Sie los und transzendieren Sie.
Das ist der Weg des Tao.*

Lassen wir unsere Bindung an Ergebnisse los; Erfolg oder Versagen sind kein Gradmesser des Selbstwerts. Sich allzusehr über Erfolge zu freuen und angesichts des Versagens am Boden zerstört zu sein heißt, ein Opfer der Umstände zu werden. Wenn wir unsere Bindung an Ziele und Ergebnisse aufgeben, führt das paradoxerweise häufig zu großen Leistungen. Lebensziele sind nichts weiter als Leuchtfeuer, die unseren Weg erhellen und uns auf der Spur innerer emotionaler und spiritueller Entwicklung halten. Ist es denn wichtiger, etwas zu *leisten*, als in der *Erfahrung* des Leistens einen Sinn zu finden? Achten Sie darauf, wie schnell wir uns verbessern und entwickeln, wenn wir uns auf die Erfahrung selbst und auf den Vorgang konzentrieren – auf die Richtung, in die wir gehen, anstatt darauf, wie schnell wir vorankommen oder wie »erfolgreich« wir ankommen. Ein solcher Fokus verringert die Angst und die Anspannung, ein bestimmtes Ergebnis erzielen zu müssen. Infolgedessen erhalten wir als Nebenprodukt wahre Leistung.

Die Tao-Weisen ermutigen uns, vollkommenes Glück zu erlangen, indem wir uns nicht an das Glück klammern; vollkommener Ruhm ist der Mangel einer Bindung an den Ruhm. Sie werden merken, als wie befreiend wir es empfinden, wenn wir uns von Besitztümern, Lob und anderen flüchtigen Wünschen lossagen. Unsere größten Erfolge sind für gewöhnlich das Nebenprodukt unserer fröhlichsten Erfahrungen. Wir werden lernen, wie effizient wir sein können, wenn wir uns der außergewöhnlichen Kraft der Losgelöstheit und des wunschlosen Lebens öffnen.

Instinkt

Die chinesischen Schriftzeichen beschreiben
den direkten Zugang zum Zentrum des
Bewußtseins: Alle Instinktsinne sind offen und
konzentriert, um die Weisheit des inneren
Wissens zu wecken.

見
性

Wenn Sie direkt in das menschliche Herz schauen,
wenn Sie tief in das wahre Wesen des Seins blicken,
werden Sie sofort erwachen!

見
性

Lao Tzu sagt, wenn wir uns auf unsere natürlichen Einsichten verlassen, auf unser inneres Gefühl, wird das Leben frei von Unglück sein. Ein Tao-Mentor weiß, daß der menschliche Instinkt das eigentliche Wissen ist, das auf den Erkenntnissen und der Weisheit unserer wahren Natur basiert. Er ermuntert zu instinktiven Reaktionen, die andere inspirieren und ihr Vertrauen gewinnen. Wenn wir auf eine entspannte, spontane Weise direkt aus dem Herzen handeln, werden wir effizienter, einflußreicher und bewußter; infolgedessen verstehen wir die Entwicklung von Situationen besser und reagieren schnell und entschieden. Wenn wir tief in unser wahres Wesen schauen und über unsere früheren Erfahrungen nachdenken, dann sind die Zeiten, die wirklich als Erfolge hervorstechen, für gewöhnlich die Zeiten, in denen wir der Weisheit unseres Herzens, in denen wir unseren Instinkten vertrauten und entsprechend handelten, und das ist gut so. Warum suchen die Menschen weiterhin nach Daten, um ihre Taten zu rechtfertigen, wenn ihnen doch alle Informationen, die sie brauchen, zur Verfügung stehen – sie müßten nur ihren Instinkten vertrauen? Das Tao fordert uns auf, ein Gefühl für die Lebensmuster und -bewegungen zu entwickeln, indem wir uns all unseren Sinnen öffnen und auf sie achten, indem wir für unsere innere Weisheit erwachen. Vermeiden Sie zu genaue Analysen und übermäßiges Nachdenken. Der menschliche Instinkt ist etwas Natürliches; wenn wir uns dem Weg der Natur anschließen, gewinnen wir direkten Zugang zum tiefsten Teil des Selbst und stimulieren die Weisheit wahren Wissens.

Einfachheit

Die chinesischen Schriftzeichen lehren das
Bewußtsein für die Einfachheit des Seins. Sie
symbolisieren die ungeschminkte Natur – den
Aufenthalt in den Wäldern oder das Eintreten
durch ein Bambustor in die Offenheit eines
typischen chinesischen Hofes, um das Sonnen-
oder das Mondlicht vom Himmel zu genießen.

簡
樸

Tao *ist von Natur aus definitionslos.*
Obwohl es klein ist,
kann nichts seine urtümliche Einfachheit übertreffen.
Wenn Anführer im Tao verweilen,
wird alles in Harmonie sein.
Himmel und Erde werden sich vereinen,
und süßer Regen wird fallen.
Frieden wird unter den Menschen herrschen,
ohne Befehle von oben.

Der Prozeß des Tao-Mentoring ermutigt uns, einem der subtilsten und paradoxesten Gesetze der Natur zu folgen: Weniger ist mehr. Das ist der »Große Weg«. Lao Tzu erklärte einmal, wenn er auch nur einen Funken Weisheit besäße, dann würde er sich dafür entscheiden, dem Großen Weg zu folgen. Der Weg (*Tao*) ist sehr einfach, aber die Menschen ziehen es vor, sich selbst mit Irrwegen zu verwirren.

Die Tao-Mentoren der alten Tage überwältigten andere nicht mit ihrer Erleuchtung und Klugheit, sondern hielten sich in einem Zustand der Einfachheit. Das nennt man die Mystische Tugend. Tief und weitreichend ist diese Tugend, denn sie kehrt alle Dinge um, bis sie wieder zurückkehren zur Großen Harmonie.

Indem wir dem Großen Weg folgen, vereinfachen wir die Reise beträchtlich und schaffen ein Gefühl für innere Freiheit. Wenn wir die Mentoring-Beziehung unkompliziert halten, wenn wir die eigenen Gefühle ehrlich und direkt kommunizieren und aufmerksam zuhören, stärken wir die Partnerschaft und tragen zur allgemeinen Harmonie bei. Versuchen Sie, sich weniger einzumischen und statt dessen dem Fluß zu vertrauen. Die Versuchung, sich noch mehr einzubringen, wenn die einfachen Wege nicht sofort funktionieren, verkompliziert und verwirrt die Angelegenheit nur. Machen Sie sich klar, wie glücklich Sie sich schätzen können, wenn die Dinge nicht so komplex sind, wenn sich das Leben in Momenten reiner Einfachheit präsentiert. Legen Sie die Bürde der Komplexität ab; werden Sie schlichter und einfacher.

Die Tugenden der Seele

Während die Tao-Tugenden des Herzens das persönliche Band zwischen zwei verwandten Seelen in der Tao-Mentoring-Beziehung stärken, inspirieren uns die Tugenden der Seele dazu, uns komplizierten Einzelheiten und den profanen Wirklichkeiten des Weges eines Mentors zu widmen. Die Tugenden der Seele bereiten uns darauf vor, uns Konflikten, Zweifeln, Mißerfolgen, Paradoxen und den Widrigkeiten des Lebens zu stellen. Gleichzeitig geben sie uns die Stärke, unser Selbst in diesem Prozeß zu entwickeln. Sie inspirieren uns, eine besondere, mehrdimensionale Beziehung mit tiefer, seelenvoller Substanz zu kombinieren. Die Seele (*Ling*) beinhaltet im Chinesischen eine Verbindung des Geistes mit Himmel (aufsteigend) und Erde (absteigend). Diese Verbindung kommt mittels der Machtphänomene von Himmel und Erde sowie der Magie der schamanischen Heilkünste zustande. Subtile Seelentugenden wie Einfühlungsvermögen, Spontaneität, Erziehung, Führung, das zentrierte Herz und andere sind transzendent, führen uns an Orte tief im Innern und befähigen uns, sensibler auf die Bedürfnisse unseres Partners einzugehen, während wir gemeinsam zu größeren spirituellen und emotionalen Tiefen reisen. Die Tugenden der Seele schaffen dynamische, befriedigende Situationen, indem sie uns trotz unserer Ängste sanft dazu anleiten, die innersten Aspekte des Selbst zu spüren und offenzulegen. Sie vermitteln uns von innen heraus ein klareres Gefühl für unsere Beziehungen zu anderen.

Dienst

Die chinesischen Schriftzeichen verkörpern
die menschlichen Bedürfnisse, die uns allen
gemeinsam sind. Sie symbolisieren auch aktive
Hilfe, sowohl körperlich als auch spirituell, um
dem größten Nutzen in der Beziehung zum
Partner zu dienen.

Anderen seine Dienste großzügig anzubieten,

erweckt Loyalität sowie die Freiheit,

um Rat und Führung zu bitten.

Die Tao-Mentorin und der Tao-Mentor wissen, daß es bei wahrer Mentorschaft um Dienst geht. Wer führt, lehrt oder regiert, ist am wenigsten wichtig – die Menschen sind das Wichtigste. Der Lehrer, der sich selbst im Dienst für seine Schüler anbietet, wird reicher. Geben *ist* Empfangen, und wenn wir ehrenvoll dienen, gibt es uns unser Partner hundertfach zurück. Beim Sport, zum Beispiel beim Tennis, hat *to serve* (dienen; hier: aufschlagen) eine tiefe metaphorische Bedeutung – es verkörpert das Angebot, das Spiel (den Tanz des Mentoring) zu beginnen, und die Bereitschaft, die Erwiderung auf den Aufschlag anzunehmen. Wenn wir die anderen innewohnende Größe wecken, werden auch wir groß. Wenn wir anderen wahrhaft dienen, erfahren wir Loyalität in einem Umfeld gegenseitigen Nutzens.

In einer chinesischen Parabel heißt es, daß Himmel und Hölle genau gleich aussehen: In beiden findet ein opulentes Festessen statt, mit köstlichen Speisen auf großen, runden Tischen. Jeder erhält Eßstäbchen, die weit über einen Meter lang sind. Bei dem Festessen in der Hölle schlagen sich die Menschen mit diesen unhandlichen Eßbestecken herum, geben schließlich frustriert auf und verhungern. Im Himmel führt jeder der Person auf der gegenüberliegenden Seite des Tisches mit seinen Stäbchen das Essen zu, und jeder kann sich richtig satt essen. Wer dem Tao folgt, dem wird durch seinen liebevollen Dienst große Fülle zuteil.

侍
供

117

Vorbildlichkeit

Die chinesischen Schriftzeichen verkörpern
jeweils den gelehrten und poetischen Abgleich
von Versen durch gegenseitige Inspiration. Das
ist vergleichbar mit der Freude, die verwandte
Seelen erfahren, wenn sie gemeinsam ihre
wechselseitig austauschbaren Verspaare
reimen. Die Schriftzeichen ermutigen uns
darüber hinaus dazu, den Spuren zu folgen,
die von den Rädern eines vorausfahrenden
Gefährts in den Boden gegraben wurden –
ähnlich dem Respekt, den man jenen entgegen-
bringt, die uns den Weg geebnet haben,
unseren Vorfahren und Ahnen, die uns weise
Lehrer auf dem Weg durch das Leben sind.

Der Weise macht sich das Eine zu eigen
und wird zum Vorbild für alle.
Er macht nicht viel Aufhebens davon, darum glänzt er.
Er rechtfertigt nicht, darum offenbart er Tugenden.
Er prahlt nicht, darum verdient er Lob.
Er protzt nicht, darum folgt man ihm.

Seien Sie ein Vorbild für andere in jenen Dingen, für die Sie sich andere als Vorbild wünschen. Das ist die Goldene Regel. Wenn Sie mit anderen genau so umgehen, wie Sie von ihnen behandelt werden möchten, werden Sie beide dankbar sein. Der weise Mentor teilt seine Gefühle, seine Einstellungen und sein Wissen nicht auf großtuerische Weise mit; durch Vorbild und praktisches Beispiel beeinflußt er seine Umgebung und gewinnt dadurch das Lob und die Loyalität anderer. Es sollte jedoch angemerkt werden, daß nicht jeder Weg, den ein anderer Mentor vorbildhaft gegangen ist, für Sie geeignet sein muß. Folgen und imitieren Sie nicht blindlings. Wir müssen den Mut und den kreativen Ansporn haben, in das Unbekannte vorzustoßen und demütig unsere unvermeidlichen Fehler zur Schau zu stellen. Letztendlich wird unsere persönliche Leidenschaft geehrt, wenn wir aus dem tiefsten Kern des wahren Selbst heraus handeln.

Dieses Konzept des Lehrens durch Vorbildlichkeit und Lernen durch Imitation spiegelt das konfuzianische Ideal des »höheren Menschen« wider. Indem wir tugendhaftes Verhalten nachahmen, üben wir einen großen Einfluß auf andere aus. Folgen Sie dem Weg des Bambus, der Wachstum durch seine Elastizität und durch die Aufwärtsbewegung seiner Triebe versinnbildlicht.

Führung

Die chinesischen Schriftzeichen zeigen ein offenes Tor mit zwei leuchtenden Laternen, die auf die Quelle (den Ursprung aller Möglichkeiten) weisen und den Weg zur Quelle anleiten, Schritt für Schritt, mit Weisheit und Vorsicht.

Das Tao führt mit dem Weg des Wassers.

Es greift kaum ein, manipuliert nicht,

stellt keine moralischen Forderungen, übt keinen

Zwang aus.

Geben Sie ein Licht, um den Weg zu

weisen.

Schlagen Sie Wahlmöglichkeiten vor und vermitteln Sie

anderen

das Gefühl der persönlichen Initiative,

lassen Sie sie sagen: »Wir haben es selbst geschafft!«

Der Tao-Mentor führt sanft und subtil, er kontrolliert andere nicht. Weise Führer ermutigen andere, sich mehr auf sich selbst zu verlassen und allein herauszufinden, was für sie am besten ist. Die Ausübung von Kontrolle über eine Situation oder einen Menschen kommt alle Beteiligten emotional teuer zu stehen und ist für den Kontrollierenden eine kraftraubende Angelegenheit. Es blockiert Visionen und alle kreativen Möglichkeiten. Kontrollierende Verhaltensweisen schaffen ein Meer an Mißtrauen und einen Mangel an Kooperation; außerdem verlieren wir dadurch den Glauben an den Mentoring-Prozeß. Das chinesische Schriftzeichen für Kontrolle ehrt den Weg des »Lassens«, man läßt zu, daß die natürlichen Kräfte herrschen, indem sie einfach nur anleiten. Achten Sie darauf, wieviel kraftvoller wir uns fühlen, wenn wir uns dafür entscheiden, freundlich aus dem Weg zu gehen und anderen einfach ein Vorbild zu sein, ohne ihnen unsere Prioritäten aufzuzwingen. Nur wenn wir es wagen, die Kontrolle loszulassen, werden wir das Herz der anderen gewinnen und wahres Lernen und Wachstum ermöglichen. Lassen Sie die anderen ihren eigenen Weg finden, indem Sie nur sehr wenig eingreifen; nehmen Sie von Manipulationen Abstand, zwingen Sie Ihre Moralvorstellungen niemandem auf. Werfen Sie Licht auf eine Situation, indem Sie Vorschläge unterbreiten. Konfuzius stellt in seiner Abhandlung über Erziehung fest, daß der überlegene Lehrer (Mentor) die Schüler anleitet, sie aber nicht zwingt; er drängt sie vorwärts, indem er ihnen den Weg eröffnet, doch er führt sie nicht an der Hand. Die richtige Führung schafft eine Atmosphäre, die andere ermutigt, eigenständig zu denken und für sich selbst etwas zu leisten. Der Buddha sagt, der beste Weg, eine Kuh zu kontrollieren, sei, sie nicht zu kontrollieren. Man solle sie statt dessen auf eine große, weitläufige Wiese führen.

Einfühlungsvermögen

Die chinesischen Schriftzeichen versinnbild-
lichen eine natürliche Sensibilität gegenüber
den Gefühlen anderer und dafür, wie wir auf
deren Bedürfnisse auf tiefe, herzliche Weise
reagieren können.

*Tief in Ihrem Herzen die Gefühle und Wünsche
anderer
zu fühlen und sie in sich nachhallen zu lassen,
sich zu sorgen und mit Liebe und Seelenverwandtschaft
zu reagieren,
mit offenem Herzen – das ist ein fröhliches,
harmonisches Lied.*

Eine der am meisten vernachlässigten Qualitäten der menschlichen Natur ist das Einfühlungsvermögen. Diese Tugend vermittelt, wie tief und ernsthaft wir *mit* dem anderen in der Beziehung fühlen. Es ist diese seltene Eigenschaft, in der Lage zu sein, »eine Meile in den Schuhen des anderen zu laufen« und für diesen einen Augenblick seine Erfahrungen und sein Leben so zu leben, wie es ihm erscheint. Wer Einfühlungsvermögen besitzt, versteht den Partner vollkommen und kommuniziert mit Worten und Taten, daß er auf ihn eingestimmt ist. Häufig scheitern wir in unserer Alltagskommunikation, weil wir zuviel voraussetzen und uns zuwenig Zeit nehmen, den anderen zu fühlen und zu spüren. Die Tugend des Einfühlungsvermögens ist im Tao-Mentoring von entscheidender Bedeutung, denn hier nehmen wir uns die Zeit, über die Gefühle und die Reaktionen anderer nachzudenken. Wir werden an die Metapher »Wind über Wasser« aus dem *I Ging* erinnert, die darauf hinweist, daß die Wellen alle Stimmungen des Himmels widerspiegeln. Wir müssen lernen, unseren Partner nicht nur mit unseren Worten und körperlichen Aktionen zu berühren, sondern auch mit unseren innersten Gedanken und Sinnen. Gleichzeitig müssen wir den anderen einladen, die Liebe zu erfahren, die in der Partnerschaft widerhallt. Vertrauen Sie diesem Geschenk gegenseitiger einfühlsamer Bewußtheit und Sensibilität und freuen Sie sich an dem Klang der beiden Stimmen, die gemeinsam singen. Im Hexagramm »Innere Wahrheit« aus dem *I Ging* findet sich dieser Vers:

> *Ein rufender Kranich im Schatten.*
> *Sein Junges antwortet ihm.*
> *Ich habe einen guten Becher.*
> *Ich will ihn mit dir teilen.*

Erziehung

Die chinesischen Schriftzeichen illustrieren den
Prozeß, mit dem das Regenwasser die gesamte
Natur wachsen läßt, sowie das instinktive
Verhalten aller Arten, ihre Jungen aufzuziehen.

*Kümmern Sie sich um alle Samen, die bereit sind zu
sprießen.
Ermutigen Sie alle Schößlinge, sich nach dem
Himmel auszustrecken.
Inspirieren Sie sie, zu wachsen und zu blühen.
Stillen Sie den Hunger von Herz und Seele.*

Wenn wir einen jungen Rosenstrauch kultivieren, hegen wir
das neue Leben in der fruchtbaren Scholle, geben ihm viel
Wasser und Sonnenschein und beschneiden es angemessen,
um schnelles, gesundes Wachstum zu fördern. Aus einem einzigen Samen entsteht eine herrliche duftende Blume, weil wir
uns die Zeit genommen und die Mühe gemacht haben, ihn
während seines Wachstums zu nähren. Der Tao-Mentor und
die Tao-Mentorin wissen, daß es bei ihren Schützlingen nicht
anders ist. Er oder sie bekräftigt, inspiriert und nährt Größe in
anderen in einer Atmosphäre von Hoffnung und Inspiration –
an einem Ort, wo der Boden fruchtbar ist für gesundes
Wachstum und Veränderung.

Der Instinkt zu erziehen tritt am deutlichsten in der Elternschaft zutage. Alle Eltern können in den Mentoring-Prozeß
diese instinktive Liebe und Zuneigung einbringen, die wir
unseren Kindern gegenüber ausdrücken, insbesondere in
Momenten der Unsicherheit. Eltern/Mentoren fühlen sich
zutiefst belohnt, wenn dieselbe Art von Fürsorge und
Zuneigung von ihren Kindern/Schützlingen erwidert wird.
Es ist ein Akt wahren Gebens und Empfangens; wir laben
einander mit der Nahrung der Seele.

Im Tao-Mentoring gehört zur Erziehung auch das Einflößen
von Mut, die Erlaubnis, unserem Herzen, unserer Leidenschaft in allem zu folgen, was wir tun – inmitten der Prüfungen, mit denen das Leben unsere Geduld und unsere Zuversicht auf die Probe stellt. Durch Erziehung erkennen wir,
wie die Natur darauf hinwirkt, uns das zu geben, was wir auf
dem Weg brauchen; Türen scheinen sich uns zu öffnen, wenn
wir wahrhaft der Sehnsucht unseres Herzens folgen.

Harmonie

Die chinesischen Schriftzeichen helfen uns,
einen Ausgleich von Gegensätzen, ein Treffen
von Ost und West und das Bild der Leichtigkeit
und Freiheit von schwebenden »Fischen im
Wasser« zu visualisieren.

平
衡

*Handeln Sie mit der geballten Kraft des Maskulinen
und bewahren Sie die nährende Weichheit des
Femininen.
Öffnen Sie sich dem magischen,
harmonischen Tanz dieser Gegensätze.
Freuen Sie sich an dieser dynamischen Verschmelzung
in Ihrem Innern.*

Der weise Tao-Mentor widmet seine Aufmerksamkeit der Aufgabe, Harmonie zwischen den beiden Polen kosmischer Energie zu schaffen, dem magischen Tanz der Gegensätze, Yin und Yang. Yin und Yang sind die unentwirrbaren inneren Wesenheiten, die natürlichen Komponenten unseres ganzen Seins. Sie verkörpern ein symmetrisches Miteinander der natürlichen Kräfte, wie der Wechsel von Tag und Nacht, der Zyklus von kalten und warmen Jahreszeiten und die harmonische Vereinigung von Mann und Frau. Das Tao-Mentoring basiert darauf, die Dualität in ein Yin-Yang-Gleichgewicht zu verwandeln. Der Tao-Mentor handelt rational, entschlossen und kraftvoll, aber auch intuitiv, heilend, empfangend und erziehend. Der Mentor-Tanz ist die vollkommene harmonische Vereinigung von zwei Menschen, eine ununterbrochene Interaktion und ein fließender Austausch. In diesem Yin-Yang-Tanz ist keiner unweigerlich auf eine Rolle festgelegt. Bei dem Versuch, eine Seite zu stärken und die andere auszuschließen, entsteht Disharmonie. Das feste, unnachgiebige Yang wird vom Wind gefällt, findet seine Schwäche paradoxerweise in allzu großer Stärke. Visualisieren Sie den dynamischen Balanceakt eines aufregenden Tennis- oder Tischtennismatchs zwischen zwei Spielern mit gleichem Können. Das ist das beste Beispiel eines Spieles, in dem beide Parteien gewinnen, in dem beide in harmonischem Einklang gesegnet sind.

Kooperation

Die chinesischen Schriftzeichen verkörpern die
Einheit der Vision, mit vielen gemeinsamen
Bemühungen, bei denen Herz und Vernunft
geteilt werden.

Himmel und Erde vereinen sich spontan,
um weichen Regen und zarte Blumen zu erschaffen.
Sonne und Mond bewegen sich abwechselnd,
um auf Yang und Yin Licht zu werfen.
Mann und Frau lieben sich ganz natürlich,
um das Leben zu mehren und zu nähren.

Kooperation ist ein Teil des menschlichen Wesens. Der menschliche Geist wird erweitert und gestärkt durch die Bemühungen des gemeinsamen Arbeitens. Der Tao-Mentor weiß darum und fördert daher die Kooperation in Beziehungen. Uralte Kulturen strebten nach spiritueller Zugehörigkeit und der kooperativen Wiedervereinigung der Herzen ihres Volkes. Heutzutage kommen ganze Familien zusammen, um jenen, die Unterstützung brauchen, zu helfen: sei es, um eine Scheune zu bauen oder um andere Aufgaben innerhalb der Gemeinschaft zu erfüllen. Großkonzerne erkennen heute deutlicher denn je die Vorteile der Teamarbeit.

Der Schlüssel zum Triumph in allen Bereichen des Lebens ist die Einheit von Ziel und Geist. Wenn es uns an Kooperation mangelt, schaffen wir Entfremdung, die den Fluß des Lebens behindert. Für das Tao-Mentoring sind gesunde Zusammenarbeit und Teamwork unabdingbar. Überlegen Sie einmal, wann Sie das letzte Mal einen kooperativen Zusammenschluß erfahren haben und wie dieser Ihr Leben beeinflußt hat. Denken Sie darüber nach, daß Beziehungen, die füreinander existieren, ewig existieren. Die Weisheit des Tao erinnert uns daran, wie Himmel und Erde durch Kooperation weichen Regen und zarte, süß duftende Blumen erschaffen.

Gegenseitige Abhängigkeit

Die chinesischen Schriftzeichen verkörpern das Vereinen konträrer Gegensätze, um eine offene Mitte zu formen. Man unterrichtet sich gegenseitig von dem natürlichen Vorgang der Yin-Yang-Verwandlung auf der ewigen Suche nach der Tai-Ji-Ganzheit.

*Die gesündeste und erleuchtetste Beziehung
zwischen zwei Menschen ist diejenige der gegenseitigen
Erfüllung,
wie in der Yin-Yang-Polarität, wenn Interessen
aufeinander abgestimmt werden
und Individuen ein gemeinsames Ziel teilen
sowie ein gemeinsames Vorgehen im Tanz.*

Der Tao-Mentor und die Tao-Mentorin wissen, daß alles im
Leben voneinander abhängig ist. Jeder Vorfall und jeder
Mensch ist, was er ist, nur in bezug auf alles andere. Das
chinesische Prinzip des *Hsiang Sheng* (des »gegenseitigen
Erhebens«) kündet davon, daß alle Dinge voneinander
abhängig sind, und wenn man ihnen gestattet, ihrem eigenen
Weg zu folgen, führt das unweigerlich zu Harmonie im
Universum. Wie gut sich das Wissen anfühlt, daß wir uns auf
unseren Mentor verlassen können, aber auch zuverlässig für
ihn da sind. Die Tao-Tugend der gegenseitigen Abhängigkeit
trägt dazu bei, stärkere gegenseitige Unterstützung zu
schaffen, wenn sie gebraucht wird. Das sollte jedoch nicht mit
Abhängigkeit voneinander oder unnatürlichem Festklammern
verwechselt werden. Im besten Fall gestattet uns die gegenseitige Abhängigkeit, die Euphorie unserer Verbundenheit mit
allen Dingen und allen Lebewesen zu erfahren und die wahre
Magie der taoistischen Weisheit des gegenseitigen Erhebens
sowie das glückseligste persönliche Wohlbefinden zu
erkennen.

Beim Tao-Mentoring-Prozeß müssen beide Partner füreinander da sein und ihre gegenseitigen Beiträge erkennen. Es
kann kein Yang ohne ein Yin geben. Denken Sie darüber
nach, wie das Ökosystem in Meeren und Wäldern und in
natürlichen Phänomenen wie der Arbeit der Regenwürmer,
der Ameisen und der bestäubenden Bienen funktioniert. Alles
im Universum hat seine Aufgabe. Wir sehen die komplizierte
gegenseitige Verbundenheit in unseren Beziehungen in
Arbeit und Familie sowie in der Art und Weise, wie eng
die Menschen und Muster unseres Lebens miteinander
verwoben sind. Alles steht mit dem größeren Ganzen in
Zusammenhang.

Nachgiebigkeit

Die chinesischen Schriftzeichen symbolisieren die Art und Weise, wie Flüsse und Ströme verschmelzen und sich gemäß dem Diktat der natürlichen Landschaftskonturen ihren Weg bahnen; sie raten den Menschen, sich mittreiben zu lassen und sich an den Hügelketten und dem Weg des Wassers zu erfreuen.

順
應

Es ist weise, mit dem Strom zu schwimmen
und den landschaftlich schönen Windungen
um die Berge herum zu folgen.
Passen Sie sich Veränderungen an
und genießen Sie die neuen Umstände.
Nachgiebigkeit erhebt sich mit Vergnügen,
während Widerstand in Ungnade fällt.

順
應

Manchmal laufen Lebensereignisse und Umstände unseren unmittelbaren Plänen und Wünschen zuwider. Widerstand gegen unvorhersehbare Veränderungen ist sinnlos. Der weise Tao-Mentor zeigt Führungsqualität und Stärke, indem er spontan neue Verhaltensmuster schafft, die flexibel genug sind, um den plötzlichen Veränderungen im Leben Rechnung zu tragen. Mentoring-Beziehungen, die nachgiebig sind, erheben sich und führen zu Vergnügen; jene Beziehungen, die unnachgiebig sind, verkümmern, ersticken und fallen in Ungnade. Wenn uns Überraschungen ohne Vorwarnung anspringen, denken Sie daran, wie sehr die Chinesen die nachgiebigen Eigenschaften von Bambus und Weide lieben; aufgrund ihrer großen Stärke biegen und bewegen sie sich leicht während schwerer Schneestürme und turbulenter Orkane. Wenn die Natur sich beugt und nachgibt, schafft sie große Schönheit in anmutigen Kurvenmustern, die wir bewundern. Es liegt Weisheit darin, den natürlichen, kurvenreichen Wegen im Leben zu folgen, anstatt den effizientesten, geradlinigen Straßen. Die vierspurigen Autobahnen zu meiden, schafft häufig die bedeutsamsten Erfahrungen des Lebens, indem wir nachgeben und »kaum begangene Pfade« beschreiten. Glück und Frieden gehören uns, wenn wir uns Veränderungen anpassen, sobald sie auftauchen. Chuang Tzu erzählt die Geschichte eines Betrunkenen, der, ohne sich zu verletzen von einem Wagen fällt, weil er dem Fall nachgibt und mit seiner mißlichen Lage vollkommen zufrieden ist. Ein Körper ohne Spannung und ein Geist ohne Ziel passen sich den Veränderungen, die aus den vielen Anforderungen des Lebens und den unvorhersehbaren Umständen erwachsen, am besten an. Nachgiebigkeit besiegt den Widerstand; weich triumphiert über hart.

Begeisterung für Veränderung

Die chinesischen Schriftzeichen zeigen uns
die Metamorphose einer Schmetterlingspuppe,
den Durchbruch der unvermeidlichen
Verwandlung. Nachdem alle Hindernisse aus
dem Weg geräumt sind, fließt wieder alles auf
ganz natürliche Weise.

Achten Sie auf die sich verändernden Zyklen des Lebens. Begrüßen und respektieren Sie diese Veränderungen.

Wenn die Veränderungen des Universums ihren Lauf beendet haben, ergeben sich Verwandlungen.

Durch Abnahme und Verfall bewegen sie sich immer weiter, zirkulieren.

Indem sie einen neuen Zyklus beginnen, gewinnen sie ewiges Leben.

Verwechseln Sie niemals Veränderung mit Chaos. Der Tao-
Mentor weiß, daß die Natur ständig in Bewegung ist, sich
gemäß vorherbestimmten Gesetzen vorhersehbar verändert.
Jahreszeiten unterliegen Zyklen, und Stimmungen schwanken
– an manchen Tagen fühlen wir uns großartig, an anderen
sind wir niedergeschlagen, wir sind gesund, dann krank, uns
ist heiß, dann wieder nicht. Laut dem Tao ist nichts statisch.
Das Tao ist ohne Anfang und ohne Ende; jedes Ende ist ein
neuer Anfang. Der mythische Phönix zerfällt zu Asche, dann
erhebt er sich wieder und drückt die überschäumende Freude
neuen Lebens aus. Der weise Mentor nimmt mit Begeisterung
die Zyklen der Veränderung zur Kenntnis; er respektiert sie,
indem er sich weigert einzuschreiten. Er begrüßt sie und
ermutigt uns, begeistert mit dem Puls und dem Rhythmus
solcher Verwandlungen zu tanzen. Betrachten Sie die ständige
Veränderung als Lehrer und nehmen Sie den unvorhersehbaren Wandel als Herausforderung und als Gelegenheit an,
neue Verhaltensmuster und ein starkes Selbstwertgefühl zu
entwickeln. Was geschieht innerlich mit uns, wenn wir einen
Mangel an Begeisterung für zyklische Veränderungen zeigen?
Das Leben ist ein sich bewegendes Pendel, ein Prozeß, der sich
vor- und zurückbewegt und niemals endet, der sich ständig
erneuert und somit das ewige Leben gewinnt. Wenn Ihnen
eine Situation nicht gefällt, dann machen Sie sich klar, daß sie
sich mit der Zeit verändern wird.

Fröhliches Lachen

Die chinesischen Schriftzeichen stellen einen
lachenden Menschen dar, die Arme weit
von sich gestreckt, die Beine gegrätscht, das
Gesicht zum Himmel gerichtet. Er lacht wie
Bambusblätter im Wind, vor Freude über das
Musizieren. Der belebende Klang von Glocken,
Gongschlägen und Trommeln hallt wider und
schafft Harmonie.

Der Glückliche Buddha erweckt alles
mit fröhlichem Lachen, mit Rhythmus und Tanz.
Das Chi des Lebens tritt
durch die Handflächen und die Fußsohlen ein.
Der Körper wird erleuchtet,
während die Seele sich erhebt.

Das Tao wird oft auch der Weg des Lachens genannt. Im Tao-Mentoring wird das natürliche, universelle Gefühl für fröhliches Lachen kultiviert, dessen Bedeutung man gar nicht zu hoch ansetzen kann. Achten Sie einmal darauf, wie eine humorvolle Bemerkung auf andere Menschen wirkt: Sie weicht die scharfen Kanten unserer Gedanken und Erfahrungen auf. Die Unfähigkeit, in den Absurditäten des Lebens den Humor zu sehen oder über die eigenen Fehler zu lachen, kommt uns teuer zu stehen. Konfuzius nahm Kritik immer leicht. Man sagte ihm einmal, er sehe aus wie ein Kaiser und doch so niedergeschlagen wie ein heimatloser Hund auf Wanderschaft. Woraufhin Konfuzius meinte, er ähnele keineswegs einem Kaiser, habe jedoch in der Tat eine große Ähnlichkeit mit einem herrenlosen, herumstreunenden Hund. Denken Sie daran, was mit uns geschieht, wenn wir das Leben und uns selbst allzu ernst nehmen.

Wir wissen, daß herzliches, fröhliches Lachen tatsächlich die Freisetzung von Endorphinen, dem körpereigenen Betäubungsmittel, stimuliert. Lachen lindert den Schmerz; es ist zweifelsohne die beste Medizin für eine Unzahl von emotionalen, spirituellen und körperlichen Krankheiten, die sich alle mit etwas Humor kurieren lassen. Achten Sie darauf, wie humorvolles Denken das Wohlbefinden und die Harmonie in Partnerschaften fördert; es befähigt den Mentoring-Prozeß, im Geiste eines glücklichen Spiels zu erblühen. Lachen rückt die eigene Perspektive wieder ins Lot. Wenn Sie in einer gedanklichen Sackgasse stecken, versuchen Sie einfach, von ganzem Herzen zu lachen.

Spontaneität

Die chinesischen Schriftzeichen stellen die Verkörperung der Natur in uns selbst dar und illustrieren bildlich eine urtümliche Szene, in der ein Wolf an einem Feuer den Mond anheult.

Wind und Wasser folgen
ihrem eigenen Weg, ihrem eigenen Fluß,
und formen ihrerseits
die Schönheit, die wir Natur nennen.
Der Fluß des Windes (Feng Liu) ist
die Anmut, die wir alle bewundern
und die wir zu verkörpern hoffen.

Spontan zu sein ist das Geschenk kreativer Improvisation. Wir agieren angemessen zur richtigen Zeit. Im *Hier und Jetzt* präsent zu sein, auf ganz natürliche Weise, ist eine Tugend, die kultiviert und geschätzt werden will.

Meiden Sie die Fallgruben von Mutmaßungen und Vorahnungen, die häufig nur enttäuschen und in die Irre führen. Wenn wir unsere eigene, wahre Natur respektieren, öffnen wir anderen damit eine Tür, uns besser zu verstehen. Unser individueller Stil entwickelt sich entsprechend der natürlichen Verhaltensweise. Wenn wir unsere eigene Spontaneität respektieren und uns gestatten, einfach so zu sein, wie wir sind, verwandeln sich häufig charakteristische Züge, die schwach zu sein scheinen, in bewundernswerte Charakterstärken. Wir dürfen nicht so tun, als seien wir jemand anders. Vervollkommnen Sie den Menschen, der Sie sind, und schenken Sie auch der Vollkommenheit in anderen Beachtung. Fördern und respektieren Sie die Spontaneität anderer und erwidern Sie diese ehrliche Ausdrucksweise mit Vertrauen. Betrachten wir es doch einfach als Herausforderung, wenn sich eine Gelegenheit zur Improvisation bietet, und genießen wir die natürliche Entwicklung dieser Unmittelbarkeit und Achtsamkeit in unseren Beziehungen. Große Dinge geschehen, wie sie geschehen sollen – trotz unseres Bestrebens, sie unseren Wünschen entsprechend unter Kontrolle zu halten. Ja, jeder von uns kann lächeln und sagen: »Wie herrlich, es ist einfach passiert!«

Wachsamkeit

Die chinesischen Schriftzeichen lehren uns, Weisheit zu respektieren, nach vorn zu schauen und auf Warnsignale zu achten. Wir müssen dazu bereit sein, unsere Meinung entsprechend den Wechselfällen und Veränderungen der Umstände zu ändern.

*Kümmern Sie sich um Härtefälle, solange sie noch nicht
»hart« sind.
Gehen Sie große Fragen an, solange sie klein sind.
Der Weise trifft Vorkehrungen und ahnt
Schwierigkeiten gelassen und vorbereitet voraus.
Und er schafft es, große Dinge zu vollbringen.*

Alle großen Probleme in Beziehungen und im Leben im allgemeinen können vermieden werden, indem man sich problematischer Muster in der Natur bewußt wird und auf sie achtet. Wer angemessene, vorbeugende Entscheidungen trifft, kann große Krisen, Krankheiten, Hunger und viele Formen von Umweltverschmutzung und persönlichen Mißgeschicken abwehren. Probleme zu vermeiden macht es erforderlich, daß wir ihr mögliches Auftreten vorhersehen, indem wir wachsam sind und Umsicht üben. Wir müssen lernen, vorbereitet zu sein und vorauszuschauen. Wir müssen wissen, was wir zu erwarten haben, und zum Handeln bereit sein. Unser Leben wird leicht, wenn wir mitdenken und eingreifen, solange Probleme noch klein und handlich sind. Tao-Mentoring-Beziehungen blühen auf, wenn die Partner gegen mögliche Schwierigkeiten gewappnet sind und die erforderlichen Maßnahmen ergreifen, um deren Auftreten zu verhindern. Ein Mentor muß wie ein Meteorologe sein: Er muß Warnungen aussprechen, Ratschläge für Reisende herausgeben und auf andere Zeichen einer bevorstehenden Naturkatastrophe hinweisen, noch bevor sie auftritt. Wenn wir wissen, daß ein Wirbelsturm angekündigt ist, werden wir die Fenster mit Brettern vernageln und unsere Schränke leeren. Wir müssen wachsam sein für widrige emotionale »Wetterbilder« in unseren Beziehungen und die richtigen Maßnahmen einleiten, um ihre Wirkung abzuschwächen.

Die Weisheit des Tao lehrt uns, Probleme anzugehen, bevor sie auftreten: Wenn wir Frieden und Harmonie üben, werden wir vorbereitet sein, mit Verwirrung und Chaos umzugehen, sobald sie auftauchen.

Das zentrierte Herz

Die chinesischen Schriftzeichen zeigen eine zentrierte Körper-Verstand-Geist-Haltung, in angemessener Sammlung und innerer Ausgeglichenheit, mit einem ausdrucksstarken und blühenden Herzen.

*Wenn die Position des Körpers korrekt ist
und Herz und Verstand sich am richtigen Ort befinden,
wird alles zusammenwirken, um das Leben zu
bekräftigen und zu feiern.
Und die Welt wird in Frieden und Harmonie mitfeiern.*

Im Prozeß von Wachstum und Lernen sind Fehler, Rückschläge und Mißerfolge unvermeidlich. Wenn ein zentriertes, offenes Herz auf einen zentrierten, offenen Verstand trifft, ist der Tao-Mentor oder die Tao-Mentorin in der Lage, solche Erscheinungen einfach als Lektionen der Natur zu sehen, aus denen man lernen und die man dann hinter sich lassen kann. Diese Einheit von Herz und Verstand verkörpert das chinesische Symbol *Hsing*; es bekräftigt die Art und Weise, wie die Natur ihr Bewußtsein stets auf den »Samen der Blume« konzentriert. Eine zentrierte Aufmerksamkeit verleiht uns eine positive Beobachtungsgabe und Hartnäckigkeit inmitten all der Höhen und Tiefen des Lebens. Mit der Tugend des zentrierten Herzens wird all unser Scheitern letztendlich zu einem Triumph. Konzentrieren Sie sich auf den Lohn, der sowohl im Scheitern als auch im Erfolg liegt, dann erlangen Sie als Ergebnis Frieden und Freude. Wenn wir Rückschläge annehmen, lernen wir daraus und machen entsprechende Fortschritte. Wer aus einer solchen Gelegenheit nichts lernt, begeht einen weiteren Fehler. Denken Sie daran, daß der Pfeil, der letztlich ins Schwarze trifft, für gewöhnlich das Ergebnis von hundert korrigierten Fehlern ist. Wenn wir an die großen Niederlagen, Fehler oder Rückschläge unseres Lebens zurückdenken, können wir erkennen, daß aus den Widrigkeiten eine Gelegenheit entstand. Was haben wir daraus gelernt? Das chinesische Wort für *Krise* beinhaltet zwei deutlich ausgeprägte Bedeutungen: Gefahr und Gelegenheit. Denken Sie daran, daß die Morgendämmerung immer den dunkelsten Momenten der Nacht folgt. Einer Zeit des Fortschritts gehen für gewöhnlich Irrtümer und Rückschläge voraus. Wenn Ihr Herz zentriert ist, können Sie aus jedem Scheitern lernen und daran wachsen.

Konsequenz

Die chinesischen Schriftzeichen verkörpern
die anhaltende Mischung aus Hell und Dunkel
im Wechsel von Sonne und Mond. Sie zeigen
den Schatz auf, der in der Beständigkeit und
Verläßlichkeit von »Mutter Erde« liegt.

Konsequenz führt zu Selbstvertrauen und inspiriert
Selbstausrichtung.
Führen und leiten Sie andere in Liebe und Einklang.
Folgen Sie dem Lauf der Natur mit ganzem Herzen.
Vertrauen Sie einander wie Mutter und Kind,
und begreifen Sie, daß Sonne und Mond ewig
erstrahlen.

Machen Sie sich klar, daß inkonsequentes, unvorhersehbares
Verhalten innerhalb einer Beziehung zu Unruhe führt und
das Vertrauen und die Zuversicht aushöhlt, die für eine
produktive und fruchtbare Partnerschaft so wichtig sind.
Wollen wir Frieden und Stabilität schaffen oder lieber zum
Chaos beitragen? Achten Sie darauf, wie effizient und ein-
flußreich wir werden, wenn unser Tun konsequent und
beruhigend vertraut ist. Fragen Sie sich selbst: Wie würde ich
mich in einer Umgebung fühlen, in der ich mich immer
vorsichtig bewegen muß, einer Umgebung, in der es weder
Konsequenz noch Vorhersehbarkeit gibt? Der Tao-Mentor
erschafft Liebe, Ordnung, Sicherheit und Behaglichkeit, indem
er konsequent ist; Unordnung und Chaos sind die Folge, wenn
er das nicht ist. Solange soviel inkonsequentes Verhalten
außerhalb von uns selbst abläuft, müssen wir einfach zur
Stimme des Herzens Kontakt aufnehmen und den Menschen
unserer Umgebung vermitteln, was bei uns funktioniert. Wir
müssen in unseren Ansätzen und in unserem Wesen konsequent sein und sprunghafte Verhaltensweisen vermeiden, die
nur zu Unsicherheit, Spannung und Furcht führen. Gehen Sie
mit den Variationen der »Lebensmuster« verantwortlich und
verläßlich um. Machen Sie Ihre grundlegenden Absichten
deutlich – nur so wecken Sie Vertrauen und schaffen eine
Atmosphäre der Sorglosigkeit und Behaglichkeit für beide
Seiten.

Mäßigkeit

Die chinesischen Schriftzeichen weisen auf
die Mitte, um Exzesse zu vermeiden. Sie
illustrieren innere Stärke und Bewußtheit, um
sich von der Last unerwünschter Sehnsüchte
nicht erdrücken zu lassen.

Zu große Sehnsucht kommt am Ende teuer zu stehen.

Zuviel anzusammeln wird zu großen Verlusten führen.

Zufrieden zu sein heißt, frei von Schande zu sein.

Rechtzeitig aufzuhören heißt, vor Gefahr bewahrt zu werden.

Die Tao-Mentorin und der Tao-Mentor lehren Mäßigung auf unserer Suche nach dem Höchsten Guten. Extreme nach oben und nach unten stehen miteinander in Beziehung. Übermäßigkeit führt zu Unordnung und Unheil und folglich zu Ausgebranntsein und Erschöpfung, wenn wir auf dem Weg persönlicher Zerstörung wandeln. Der Weg jeder spirituellen Übung beziehungsweise weltanschaulichen Veränderung fordert von uns, nicht ins Extrem zu verfallen, sonst passen wir uns nicht richtig an und machen somit alles bedeutungslos. Bei der Führung anderer ist nichts besser als Mäßigung. Genug zu haben ist Glück; mehr als genug zu haben ist schädlich. Das gilt für alle Bereiche des Lebens. Freizeit ist gut, doch zuviel davon kann zu Ruhelosigkeit und Langeweile führen. Arbeit ist wichtig und nützlich, doch zuviel davon kann in anderen Bereichen unseres Lebens Verwüstungen anrichten. Lernen Sie, die Phasen des Alleinseins zu genießen, in denen Meditation zu Klarheit beiträgt, aber auch die Zeiten der Geselligkeit, um Bestätigung, Liebe und Nähe auszutauschen. Sport bringt vibrierendes Wohlbefinden, was zu einem gesunden, glücklicheren Leben führen kann, doch im Übermaß kann er uns die angewachsene Vitalität wieder rauben. Mäßigkeit erlaubt uns, zwischen zwei Extremen mit großer Beweglichkeit zu tanzen. Gibt es denn irgendeine Sache im Leben, die im Übermaß funktioniert? Achten Sie auf die vielfältigen Möglichkeiten und die persönliche Zufriedenheit, die wir erleben, wenn unser Leben frei von Extremen ist. Lernen Sie, den Weg der Mäßigkeit zu beschreiten, die Weisheit zentrierter Zufriedenheit zu erfahren. Vermeiden Sie die Versuchung, zuviel zu tun und sich zu sehr anzustrengen – gleichgültig, wie verlockend und attraktiv die betreffende Sache auch sein mag.

Tashun

Demütige Visionen von einer
harmonischen Welt

Wenn wir die Welt mit all ihren mehrdimensionalen Beziehungen genauer beobachten, fällt uns unweigerlich die Fülle an Streß, Kampf und Angst auf, die in der Mehrzahl aller Situationen vorherrscht. Unsere Unfähigkeit beziehungsweise unsere mangelnde Bereitschaft, auf gesunde Weise zu kommunizieren, führt zu zahlreichen Konflikten. Menschen aller Kulturen haben sich wirtschaftlich, ökologisch, politisch und spirituell einander entfremdet. Schleichende »gesellschaftliche« Krebsgeschwüre und die globale Mißachtung der Gerechtigkeit haben die gesamte Menschheit entzweit. Das führt zu epidemieartig um sich greifender Gewalt, zu Arbeitslosigkeit, Armut, Hunger, Drogenmißbrauch und Rassenkonflikten in aller Welt.

In unseren stillsten, nachdenklichsten Momenten ist uns wahrscheinlich klar, daß diese bedrückende Situation nicht zwingend notwendig ist. Die meisten vernünftigen Menschen sind sich einig, daß wir eine geordnete Welt erfahren können und auch erfahren dürfen, so überwältigend dieser Gedanke auch sein mag. Anstatt gleich die ganze Welt ändern zu wollen, sollten wir vielleicht etwas weniger ehrgeizig sein und auf lokaler, individueller und persönlicher Ebene handeln.

Lassen Sie uns über die möglichen Einsatz- und Anwendungsmöglichkeiten des Tao-Mentoring-Modells nachdenken und uns seine Wirkung auf Familie, Erziehung, Geschäftsführung, politische Verhandlungen und andere menschliche Beziehungen in allen Bereichen des Lebens vor Augen führen. Im Kern zeigt die chinesische Weltanschauung des Taoismus eine Passion für die wechselseitige Abhängigkeit und Harmonie aller Systeme. Sie besagt, daß jeder von uns vom Wohlbefinden des Ganzen abhängt. Diese Auffassung ermuntert zu demütigen Visionen von einer gesunden, harmonischen Welt – *Tashun*, die Große Harmonie. Das Goldene Zeitalter Chinas, als das große Tao vorherrschte, nennt man auch die Periode des *Tat'ung*, eine Epoche großen Gemeinwohls. Es war eine Zeit universeller

Harmonie, voller Frieden, Kooperation und gegenseitigem Respekt. *Tat'ung* war die konfuzianische Utopie einer erreichbaren gesellschaftlichen Ordnung und moralischen Vollkommenheit.

Die Schöpfung einer solchen vollkommenen Gesellschaftsordnung liegt möglicherweise jenseits unserer Fähigkeiten und unserer Kraft. Doch darf man vernünftigerweise erwarten, daß wir auf individueller Basis die Probleme der Welt auf ein Maß reduzieren können, das weit unter dem liegt, welches wir derzeit erdulden müssen. Konfuzius glaubte an kleine Anfänge und an eine allmähliche Expansion der Vision. Er betonte, daß man als ersten Schritt das Selbst kultivieren und Harmonie in der unmittelbaren Familie schaffen sollte, bevor man an die Gemeinschaft ... an das Land ... an die Welt denkt. Der Versuch, auf einer höheren Ebene anzufangen, käme dem Aussäen von Saatgut gleich, ohne zuvor den Garten von Unkraut befreit zu haben. Wir dürfen unserer Fähigkeit, andere auf positive Weise zu beeinflussen, keine Steine in den Weg legen. Wie können wir zur Seite treten, damit unser Einfluß auf andere ausstrahlen kann und sie nicht in völliger Dunkelheit verharren?

Das Tao-Mentoring ist ein demütiger, einfacher Anfang, der uns allen hilft, uns selbst und anderen »nicht im Weg zu stehen«. Wir selbst wissen aus unserer eigenen, kooperativen Zusammenarbeit und Partnerschaft, wie glücklich wir sind, die Wirkung von Tao-Mentoring in unserer Beziehung und in unserem persönlichen Leben erfahren zu dürfen. Wir sind äußerst dankbar und demütig für dieses Glück des gegenseitigen Gebens und Empfangens. Diese Erfahrung hat uns die Augen für die Möglichkeiten globaler Veränderung geöffnet. Wir gehen nicht davon aus, daß wir die Antworten auf alle Weltprobleme haben; wir sind einfach begeistert aufgrund der Dinge, die wir auf einer Mikroebene mit dem Tao-Mentoring erlebt haben, und fragen uns: »Was wäre, wenn...?« Wir persönlich genießen unseren gemeinsamen *Tui-Shou*-Tanz, während wir uns gegenseitig erblühen, wachsen und erwachsen werden sehen, in unseren Veröffentlichungen und allen anderen Aspekten unseres persönlichen Lebens. Wir bemerken in unserem unmittelbaren Umfeld, wie dieser dynamische, humanistische Weg der Beziehungsführung andere beeinflußt. Wir sind Mentorinnen und Mentoren für andere, und sie wiederum vollführen eine Kehrtwende und sind Mentoren für uns, in gegenseitigem Respekt und Fürsorge.

Globale Betrachtungen müssen die »Wellenwirkung« berücksichtigen, von der Konfuzius gesprochen hat. Das Tao erinnert uns daran, daß ein kleiner Kieselstein, den man ins Wasser wirft, endlos viele konzentrische Kreise schlägt, die nach außen laufen und alles auf ihrem Weg berühren. Wie wir mit uns selbst umgehen, so gehen wir auch mit anderen um. Indem wir das mächtige »Selbst« kultivieren, bieten wir den Menschen in unserer Welt die Möglichkeit der Veränderung; Veränderung entstammt dem individuellen Herzen und streckt sich nach außen, schafft eine vereinte, wechselseitig in Beziehung stehende Gemeinschaft. Der Schlüssel liegt darin, über den eigenen Tellerrand hinauszuschauen und andere, die uns nahestehen, zu erreichen, Harmonie zu schaffen sogar mit jenen, die anders sind, mit jenen, die wir nicht einmal verstehen, und sich dann bewußt zu machen, wie wir in unserer Unterschiedlichkeit doch alle miteinander verbunden sind.

Stellen Sie sich das Leben als einen großen Reigen vor, bei dem alle Wesen und alle Dinge wechselseitig voneinander abhängen. Was wäre, wenn sich alle am Grundgesetz der Wechselseitigkeit orientieren würden, mit der Absicht, zu geben und zu helfen und als Gegenleistung für alle Bemühungen hundertfach zu empfangen? Was wäre, wenn der Schwerpunkt auf Qualität statt auf Quantität läge? Auf dem Vorgang, nicht auf dem Ergebnis? Wie würde sich das auf unsere pädagogischen, politischen und ökologischen Systeme auswirken?

Was wäre, wenn die Führer dieser Welt bei der Lösung internationaler Konflikte den Ansatz des Tao-Mentoring anwenden würden? Stellen Sie sich vorurteilslose, demütige und freundliche Führer vor, die danach streben, unsere intuitiven Reaktionen auf problematische Situationen zu erkennen, und positive Veränderung durch Vorbildfunktion fördern. Wie könnten wir das Tao einsetzen, um unser Ziel zu erreichen, nämlich das Ökosystem wieder in Gleichgewicht zu bringen und unsere Regenwälder zu schützen? Visualisieren Sie Klassenzimmer voller Mentor-Lehrer, die in ihrer pädagogischen Ausbildung selbst das Tao-Mentoring erfahren haben. Wie wäre es wohl, ein Sportler zu sein, der von einem Tao-Mentor oder einer Tao-Mentorin trainiert wird? Stellen Sie sich Gipfeltreffen und Konferenzen vor, die innerhalb der Grenzen dieses neuen Paradigmas stattfinden. Wie würde unsere Arbeitswelt aussehen, wenn Manager und Angestellte miteinander auf diese neue Weise umgingen? Wenn die Profitgier durch die Sorge um die Natur ersetzt werden könnte? Stellen Sie sich die Implikationen des Tao-Mentoring für gefährdete Tier- und Pflanzenarten vor. Visualisieren Sie eine Gesellschaft, in der die älteren Mitmenschen als weise, wertvolle Lehrer und Bürger betrachtet werden, deren Nutzen nicht nur daran gemessen wird, wieviel sie zum Wirtschaftsleben beitragen. Stellen Sie sich vor, Ausbildung würde als Prozeß betrachtet, der einen innewohnenden Wert besitzt, anstatt nur als Mittel zu höheren Gehältern und einem besseren Lebensstil. Visualisieren Sie eine Welt, in der Länder und Organisationen flexibel und anpassungsfähig sind und spirituelle Wege finden, um Schwierigkeiten zu lösen, in der in Kooperationen und Partnerschaften der Menschenwürde ein hoher Stellenwert eingeräumt würde. Welche Veränderungen würden auftreten, wenn wir zu der Überzeugung kämen, daß wir zu unserer Umwelt gehören und sie nicht besitzen? Stellen Sie sich vor, wir würden in einer Atmosphäre bedingungsloser Fürsorge zu unserem vollen menschlichen Potential aufblühen.

Harmonie und Ausgeglichenheit sind die natürliche Ordnung aller Dinge. Alle Systeme in der Welt existieren nebeneinander in einem wechselseitig abhängigen Netz. Denken Sie einmal darüber nach und stellen Sie sich vor, wie es wäre, in Übereinstimmung mit dem zu handeln, was natürlich ist, was sein soll, anstatt das Gegenteil erzwingen zu wollen.

Lassen wir uns durch das Tao-Mentoring dazu ermutigen, unsere natürlichen, wechselseitig abhängigen Beziehungen zur Welt einer genauen Betrachtung zu unterziehen. Wir existieren in einem harmonischen Geflecht nebeneinander, als Menschen, die in der Lage sind, ein größeres Ganzes zu erschaffen – gemeinsam, und nicht getrennt.

Die Autoren

Chungliang Al Huang, Tai Ji-Meister, Philosoph und Kalligraph, stammt aus einer alten aristokratischen chinesischen Gelehrtenfamilie. Er studierte Architektur, Kulturanthropologie und Choreographie und ist Mitglied der *World Academy of Arts and Science* in Stockholm, Gründer und Präsident der *Living Tao Foundation* in Urbana/Illinois sowie Direktor des Lan Ting Instituts in China. Er hat zahlreiche Bücher und Lehrvideos veröffentlicht.

Ein- bis zweimal im Jahr hält er sich in Deutschland auf, um u. a. Tai Ji Seminare zu geben und Führungskräfte (u. a. beim Otto-Versand) nach seinen Mentoring Prinzipien zu trainieren.

Jerry Lynch, Ph. D., Psychologe und Unternehmensberater, hat an verschiedenen amerikanischen Universitäten unterrichtet. Er begründete das *Center for Tao Mentoring and Human Performance* in Fort Collins, Colorado. Er ist ebenfalls Autor zahlreicher Bücher.

Wenn Sie mit den Autoren Kontakt aufnehmen möchten, wenden Sie sich bitte an folgende Adressen:

Jerry Lynch
Center for Tao Mentoring and Performance
2100 W. Drake Road, Suite 276
Fort Collins, Colorado 80526
USA

Chungliang Al Huang
Living Tao Foundation
P.O. Box 846
Urbana, Illinois 61801
USA

Craig Lambert
Über den Wassern
Rudern – eine Lebenskunst

224 Seiten, gebunden, ISBN 3-7205-2079-X

Rudern ist mehr als Sport, meint Craig Lambert. Es schult alle Eigenschaften und Fähigkeiten, die wesentlich sind für das Leben in einer modernen Gesellschaft: Kraft, Ruhe, Gleichgewicht, Koordination, Zielgerichtetheit, Konzentration, Ausdauer, Teamgeist, Freude am Wettkampf, Siegen- und Verlierenkönnen. In seinem Essay greift der Autor einen Aspekt nach dem anderen auf und zeigt, auch anhand seiner eigenen Biographie, wie sich jede dieser Fähigkeiten im Rudern umsetzt. Eine anregende Lektüre für Manager, Ruderer und Lebenskünstler.

Richard Bode
Nimm zuerst ein kleines Boot
Von den Gezeiten des Lebens

240 Seiten, gebunden, ISBN 3-7205-1955-4

Ein ungewöhnliches inspirierendes Buch über das Segeln und immer zugleich über das Leben. Es erzählt die Geschichte eines Jungen, der segeln lernt und im Umgang mit Wind, Wetter und Gezeiten Lektionen fürs Leben erfährt: Wie man über die Untiefen und durch die Stürme des Lebens segelt, wie man Flauten übersteht und seinen Kurs findet. »Ein einfaches, schönes Werk«, »ein wundervolles, tiefgründiges Buch über das Leben«, schrieb die amerikanische Presse über den »Nationalen Bestseller«.

Diese Bücher erhalten Sie in jeder Buchhandlung.
Ein farbiges Büchermagazin mit unseren lieferbaren Titeln
senden wir Ihnen auf Wunsch gerne zu.

ARISTON VERLAG

Hauptstrasse 14   Karl-Theodor-Str. 29
CH-8280 Kreuzlingen D-80803 München
Tel. (0 71) 672 72 18 Tel. (0 89) 38 40 68 0
Fax (0 71) 672 72 19   Fax (0 89) 38 40 68 10

Safi Nidiaye/Franz-Theo Gottwald/
John Hormann/Antje Besser-Anthony
Führung durch Intuition
Die entscheidende Wende im Management

332 Seiten, gebunden, ISBN 3-7205-1963-5

Das Herz steht im Mittelpunkt eines neuen Managements. Heute ist ein humaneres, geistiges Verständnis von Wirtschaft und Arbeit gefragt. Ein Kreis von Experten aus verschiedensten Bereichen hat dieses Buch geschrieben, um vor allem Führungskräften das neue Bewußtsein und seine geistigen Dimension zugänglich zu machen. Es geht um eine neue, moderne, zeitgemäße Arbeitswelt ohne Angst. Es geht um Mangel, Fülle und das Prinzip Wahrheit, und um das Herz. Denn nur mit dem Herzen kann man die Wirklichkeit in ihrem Kern erfassen.

Tom Wujec
Salto Mentale
Fitneß für den Kopf

256 Seiten, zahlreiche Abbildungen, kartoniert, ISBN 3-7205-2041-2

Tom Wujec hat mit diesem Buch ein »mentales Fitneßcenter« eingerichter, in dem sich an zwölf Stationen die »Denkmuskeln« vielfältig trainieren lassen. Ob Aufmerksamkeit oder Konzentrationsfähigkeit, Problemlösung oder Entscheidungsfindung – machen Sie sich so richtig fit! Lassen Sie Ihr Hirn Purzelbäume schlagen. Bringen Sie Ihre kleinen grauen Zellen so richtig in Schwung. Lockern Sie Ihren Geist, lassen Sie ihn turnen, sich dehnen, recken und strecken.

Diese Bücher erhalten Sie in jeder Buchhandlung.
Ein farbiges Büchermagazin mit unseren lieferbaren Titeln
senden wir Ihnen auf Wunsch gerne zu.

ARISTON VERLAG
Hauptstrasse 14   Karl-Theodor-Str. 29
CH-8280 Kreuzlingen   D-80803 München
Tel. (0 71) 672 72 18   Tel. (0 89) 38 40 68 0
Fax (0 71) 672 72 19   Fax (0 89) 38 40 68 10

David J. Schwartz
Denken Sie groß!
Erfolg durch großzügiges Denken

288 Seiten, gebunden, ISBN 3-7205-2035-8

Wie das Denken so das Handeln! Groß zu denken, kann man lernen. Groß denken eröffnet neue Horizonte, klein denken behindert. Mit diesem Programm können Sie Ihre Persönlichkeit, Ihren Lebensinhalt und Ihre Lebensqualität »auf Groß« einstellen.
»Denken Sie groß« liegt auch als Hörbuch vor. Gesamtspielzeit 9 Std., Audiobox mit 6 Kassetten, ISBN 3-7205-1967-8

Napoleon Hill
Denke nach und werde reich
Die 13 Gesetze des Erfolges

262 Seiten, gebunden, ISBN 3-7205-1935-X

Dieses Buch wurde in alle wichtigen Sprachen übersetzt und mehr als 25 Millionen mal gekauft. Warum? Es lehrt, mit gezielter Kraft zu denken, und es macht klar, welches das größte und wichtigste aller Erfolgsgeheimnisse ist: Selbstvertrauen. Napoleon Hill begann im Auftrag von Andrew Carnegie, dem damals wohl reichsten Mann der Welt, die Erfolgsrezepte der Reichen zu untersuchen. Hill arbeitete 20 Jahre lang, befragte 504 Millionäre, untersuchte ihr Leben und ihre Arbeitsmethoden. Dann schrieb er dieses Buch.
»Denke nach und werde reich« liegt auch als Hörbuch vor. Gesamtspielzeit 9 $^3/_4$ Std., Audiobox mit 6 Kassetten, ISBN 3-7205-1859-0

Diese Bücher erhalten Sie in jeder Buchhandlung.
Ein farbiges Büchermagazin mit unseren lieferbaren Titeln senden wir Ihnen auf Wunsch gerne zu.

ARISTON VERLAG
Hauptstrasse 14   Karl-Theodor-Str. 29
CH-8280 Kreuzlingen   D-80803 München
Tel. (0 71) 672 72 18   Tel. (0 89) 38 40 68 0
Fax (0 71) 672 72 19   Fax (0 89) 38 40 68 10